国有经济

布局优化与结构调整

项安波　著

中国发展出版社
CHINA DEVELOPMENT PRESS

图书在版编目（CIP）数据

国有经济：布局优化与结构调整 / 项安波著. —北京：中国发展出版社，2022.12

ISBN 978-7-5177-1352-4

Ⅰ. ①国… Ⅱ. ①项… Ⅲ. ①中国经济—国有经济—研究 Ⅳ. ①F121.21

中国国家版本馆CIP数据核字（2023）第004548号

书　　名：国有经济：布局优化与结构调整
著作责任者：项安波
责 任 编 辑：杜　君
出 版 发 行：中国发展出版社
联 系 地 址：北京经济技术开发区荣华中路22号亦城财富中心1号楼8层（100176）
标 准 书 号：ISBN 978-7-5177-1352-4
经　销　者：各地新华书店
印　刷　者：北京博海升彩色印刷有限公司
开　　本：710mm × 1000mm　1/16
印　　张：15
字　　数：206千字
版　　次：2022年12月第1版
印　　次：2022年12月第1次印刷
定　　价：58.00元

联 系 电 话：（010）68990642　68360970
购 书 热 线：（010）68990682　68990686
网 络 订 购：http://zgfzcbs. tmall. com
网 购 电 话：（010）88333349　68990639
本 社 网 址：http://www.develpress. com
电 子 邮 件：121410231@qq. com

目 录

上篇　国有经济布局优化与结构调整

国有经济最能体现中国特色社会主义经济体制特点。改革开放40余年以来，我国国民经济从国有经济和集体经济“一统天下”到逐步形成“国民共进、协调发展”的基本经济格局。一方面，国有经济通过持续的布局优化和不断的结构调整，进一步明确了服务国家战略的基本定位，逐步向关系国家安全、国民经济命脉和国计民生的重要行业与关键领域集中，向前瞻性、战略性新兴产业集中，向具有核心竞争力的优势企业集中；另一方面，国有经济也通过自身的有序进退为非国有经济蓬勃发展提供了成长空间，实现了国有经济与非国有经济的齐头并进、共同发展。

整体来看，我国国有经济布局优化和结构调整取得了重要的阶段性成果，但也面临着不少新的挑战和问题。随着我国经济社会发展进入新发展阶段、社会主要矛盾深刻变化、百年未有之大变局加速演进，这些历史性环境变化要求国有资产（以下简称国资）和国有企业（以下简称国企）更积极地应对新一轮科技革命和产业变革，更主动地构建良性互动的“国民关系”，支持深层次改革和高水平对外开放，在促进公平、提升效率和推动中国式现代化进程等方面发挥更积极的作用。

因此，我们必须进一步深化改革，落实关于加快国有经济布局优化与结构调整的要求，促进国有经济的高质量发展和国民经济整体效率的提高。

总报告
促进国有经济布局优化和结构调整

在20世纪90年代之前，我国的国有经济布局优化、结构调整基本处于自发式、原生型的状态。1993年提出对国有企业进行战略性结构调整的设想，自此开始，我国国有经济进入有规划、有设计的布局优化与结构调整阶段，迄今经历了三个主要的政策阶段：1997年至2002年以“三年脱困”为重点工作的国有经济战略性调整阶段；2003年至2012年以国务院国有资产监督管理委员会（以下简称国务院国资委）为主导、以国企重组为主要手段推进国有资产调整阶段；新时代进入全面深化国企改革阶段，主要是以“管资本为主”和国企战略性重组、专业化整合来促进国有经济布局优化与结构调整。

自党的十九大报告提出“加快国有经济布局优化、结构调整、战略性重组，促进国有资产保值增值，推动国有资本做强做优做大”以来，中央层面，主要在推进中央企业（以下简称央企）战略性重组和专业化整合、完善“以管资本为主”的国有资产管理体制方面，予以部署和落实；地方层面，则主要是以国有资本的调整，来服务区域经济发展、城市建设和支持本地的战略性新兴产业。

一、成效及经验

经过中央和地方、政府和企业多年的持续努力，国有经济布局优化、结构调整和战略性重组取得了较为明显的成效，主要表现为：从行业布局来看，国有经济的调整优化态势明显；从区域布局来看，国有经济的区域布局促进了区域均衡发展，为缩小区域发展差距发挥了积极作用；从集中度分布来看，国有资本向大型企业集中的态势明显；中央企业战略性重组取得明显进展；以“管资本”为主的国有资产监管架构和国有资本动态调整机制初步形成。

30年有规划的国有经济布局优化、结构调整和战略性重组的基本经验是：服务国家战略是国有经济布局优化与结构调整的根本目标；行政推动是引导国有经济布局优化与结构调整的重要动力；市场手段是支持国有经济布局优化与结构调整的重要保障；国有经济布局优化、结构调整与全面深化国企改革相结合；抓大放小促进国有经济战略性调整；针对重点领域推动国有企业实施战略性重组、专业化整合。

二、待改善之处

囿于历史遗留问题未完全解决、委托代理关系未完全理顺、激励约束机制有待完善、相关改革尚未及时完整到位等，国有经济布局优化、结构调整和战略性重组仍有完善空间，主要表现为以下六个方面。

一是国有经济服务国计民生能力与整体国际竞争力有待进一步提升。在涉及参与国际竞争的重点领域以及在保障民生的公益性领域，国有资本的占比还有提升空间。

二是国有资本布局还应更大范围地优化调整，主要表现为：国有经济分布过宽，一些非关键领域国资占比依然较高；国有资本在竞争性领域大量分布并过多地集中于产能过剩行业，而在战略性新兴产业和关键领域的投入不够、布局稍弱；国有资本流动性不强，难以在短期内实现“有序进退”所要求的快速流转，也使得来自资本市场的监督和压力失灵，难以转化为治理能力和发展动力（尽管以“管资本”为主的国资监管体系架构已经搭建，但要有效运转并发挥实质性积极作用，还需持续完善）。

三是国有企业“一股独大”问题仍较突出，重组整合应更注重实质性成效。国有企业的股权结构仍不够优化和平衡，全国国有企业中，国有股权比重仍居高不下（80%左右），国有上市公司第一大股东所持股份占比平均在40%左右，“一股独大”问题仍普遍存在，容易导致公司治理失衡、内部监督缺失，提供了“内部人控制”的土壤。国企调整与重组后实质性整合难度大，重规模轻效率、重重组轻整合导致“大而不强、整而不合”现象较为突出。

四是优化布局、调整结构的操作手段需要进一步市场化，提升其科学性和有效性。开展国有经济结构调整、推动国有企业重组整合，应在目标上服务国家战略和手段上尊重市场规律之间取得平衡。目前，一些国企兼并重组案例在操作上还是偏重行政手段，忽视市场规律和企业意愿，在处理政府与市场关系上有待改进，影响调整优化的实质性成效。此外，部分国企兼并重组效率低、推进慢，原因之一是行政审批链条过长，增加制度成本和机会成本，难以适应市场化兼并重组的时效性要求，有时导致企业错过兼并重组窗口期，错失发展机遇。

五是新一轮科技革命和产业变革，要求大量布局于传统行业的国有企业加快转型和创新步伐。国有经济要适应重大环境变化，更积极地实施战略性调整；国有资本要在解决产业体系“缺芯少魂”难题和突破“卡脖子”技术瓶颈等方面发挥引领作用；大型国企要在构建具有中国特色的国家协同创新生态系统中发挥积极作用。

六是新一轮高水平对外开放对国有经济布局优化、结构调整和战略性重组提出了更高要求。一方面，高水平对外开放意味着高水平“走出去”和高质量“引进来”；另一方面，高水平走出去，要求作为“走出去”主力军的国有企业适应正在重构的国际竞争规则和国际议题中的国企规则。这些均要求国有企业更主动地适应竞争政策规制和公平参与竞争。

三、目标及原则

基于上述新形势、新问题，并借鉴OECD（经济合作与发展组织）国家的国有经济布局优化、结构调整的相关国际经验，我们认为在新时代国有经济应基本定位为“服务国家战略，增强国有经济的竞争力、创新力、控制力、影响力和抗风险能力，发挥国有经济引领、主导和控制作用，促进高质量发展、提高国民经济整体效率和国际竞争力”。在此基础上，应明确国有经济布局优化、结构调整和战略性重组的目标与原则。

基本目标：“服务国家战略、落实国家经济政策，增强国有经济的（国际）竞争力、创新力、控制力、影响力和抗风险能力”。

两条途径：国有资本根据国家战略部署有序进退；引导国有企业进行战略性重组，推进专业化整合、实质性整合。

四项原则：服务国家战略与尊重市场规律相结合；国有经济布局调整优化与全面深化改革相结合；严格依法、规范操作；统筹协调推进。

制定国有资本配置规划：在当前一段时期，明确国有资本重点投向的具体领域与举措；明确细化国有资本重点投向的具体领域，采取多元化控制模式；制定国有资本配置规划和路线指引图；探讨国有资本在各产业的持股目标区间。上述工作，应适应环境变化、国家战略调整、科技革命和产业变革等。

提高国有资本集中度，优化资本结构：在各重点产业内，推动国有经济向头部企业集中；在国有企业内部，优化股权结构，提升公司治理和经营管理的科学性和现代化水平，促进传统国有企业转变经营机制。

四、完善机制设计

要做好国有经济布局优化、结构调整与战略性重组工作，就必须完善与国有经济布局优化、结构调整和战略性重组相关的八大机制设计。

（一）更充分发挥国有资本投资公司、国有资本运营公司[①]的国有资本运作平台作用

一是要厘清“两类公司”与国资监管部门、持股企业等利益相关者的“上下左右”关系，避免其被虚化或回归行政化，真正做实“两类公司”，发挥其服务国家战略、发展战略性新兴产业、调整基础产业、推进国企改革等平台作用。

二是搭建和完善“两类公司”投资、融资、整合的资本运作体系，切实把“资本”经营起来。

三是在“两类公司”改革试点企业所控股、参股的企业统筹推进混合所有制和员工持股改革、市场化选聘、经理层任期制、契约化管理和探索职业经理人制度等改革，切实落实“三能”机制，进一步转换经营机制，激发企业活力。

① 国有资本投资公司、国有资本运营公司合称为“两类公司”。

（二）推进国有资产证券化

以“两类公司”为平台，以优质国有资产为核心，与推进股权多元化和混合所有制改革相结合，借力资本市场，推动优质国有资产在多层次资本市场实现证券化，提高国有资产流动性，为国有经济布局优化与结构调整创造更好的基础条件。重点工作有三项。

一是持续推动国有资源资产化、资产资本化。

二是按可否上市等为标准，分类处置国有资产，开展合理有效的资产重组、产权结构优化调整、混合所有制改革、体制机制改革等。

三是重视国有资产证券化后保值增值工作，改善投资者关系管理、价值管理和市值管理等工作，提升相关管理能力和上市公司竞争力。

（三）推动国有资本基金化

利用国有资本基金化调整优化国有经济布局，既要认识到基金的市场化、专业化和高风险等特性，更要利用其在资本汇聚、风险分散、信息揭示和激励约束等方面的机制优势，加强国有资本基金化的统筹协调，去行政化、取市场化，引导社会资金集聚，形成资本供给效应；优化资金配置方向，落实国家战略；引导资金投资方向，扶持创新中小企业；引导资金区域流向，协调区域经济发展；发挥国有资本基金化支持创新、促进升级的积极作用。重点工作主要有八项。

一是建立良性的政企关系。既要避免不当行政干预，发挥基金市场化机制优势，提升基金的运行效率以及决策的独立性，又要避免政府对高风险、加杠杆的基金承担无限责任。

二是国家战略与市场机制有机结合。国有资本主导的基金应按照国家战略要求开展制度创新，利用国家投资和社会资金相结合的方式支持战略性新兴产业发展，以市场机制为运作基础，按国家战略和市场结合原则运作。

三是政府基金应采取公司制、有限合伙制和契约型信托制等市场化的组织形式。

四是国有资本主导的基金应实现人员专业化、决策市场化、运作商业化。

五是完善投资决策机制，形成既能保证国家战略指导又能充分授权便于市场化运作的管理架构；根据法律和业务管理要求，各层机构建立各自的治理体系及支撑战略和业务决策的咨询、投资审查等支持机构，为基金落实“国家战略与市场结合”原则提供组织保证。

六是借鉴市场化基金成熟经验，完善国有资本基金化的激励约束机制。

七是完善国有资本基金化的风险防控机制、监督管理体系和信息披露机制。

八是发挥国有资本基金化支持创新的积极作用，基金化的国有资本加大对种子期、初创期创新型企业的支持；利用风险投资基金促进技术成果转化为工业化产品、创新成果市场化的经验模式，探索国有资本进入新兴产业和支持初创期创新型企业的新途径；利用或借鉴天使基金雪中送炭、大量试错、具有较高风险容忍度的特征，加大对种子期创新型企业的扶持力度。

（四）完善产权交易市场，强化国有经济调整优化的市场化机制

我国产权交易市场从最初的服务于国有产权转让开始起步，多年来在服务国企并购重组、产权流转、资产盘活、资产出清和企业融资等方面发挥了重要作用，支持了国有经济布局调整，促进了国有资产保值增值、防范国有资产流失和要素资源优化配置。下一步，需要发挥产权交易市场促进国有资产流转职能，促进国有经济调整优化，产权市场主动配合国有企业的“有序进退”，

促进产权市场与证券市场、上市公司与非上市公司的联动，与供给侧结构性改革、发展混合所有制经济、国企去杠杆等工作相结合，更好地发挥产权市场在筹集资金、助力改革等方面的作用。同时，完善产权交易市场的法律环境，产权转让和交易的法律规章与国家的竞争政策、创新政策、产业政策、国家所有权政策和所有制结构调整政策等相结合，使企业产权转让交易和企业兼并行为符合相应的政策导向，促进国有经济布局调整优化。最后，创新产权交易制度设计。统一信息披露制度，实现信息互动、资源共享，提高产权交易的透明度和效率；建立严格的监督管理制度，规范产权交易行为，保护交易双方的合法权益，促进产权交易市场的健康发展；构建规范的会员制度。

（五）提升国有企业战略性重组和专业化整合的质量与效率

一是聚焦提升企业竞争力，扎实推进战略性重组。

二是积极实施专业化整合，推进企业兼并重组后的实质性整合，发挥产业协同作用，推进企业做强做优做大。

（六）更积极地在一般竞争性领域发展混合所有制经济

混合所有制经济是我国基本经济制度的重要实现形式。下一步，发展混合所有制经济需要更多突破。

一是通过深化国企混合所有制改革，以股权结构调整优化推动公司治理结构的调整优化，推动完善现代企业制度、促进传统国企机制转变。

二是以资本的流动来传递资本市场的压力，实现“用手投票”和“用脚投票”并行，以积极、有限股东的作为，破除国有资本长期凝滞的消极效应，并以股权的调整来实现国有经济的“有序进退”，提高国有资本配置和运行效率，优化国有经济布局，增强国有经济竞争力、创新力、控制力、影响力和抗风险能力。

三是促进国有企业转换经营机制，放大国有资本功能，实现国有资产保值增值，实现各种所有制资本取长补短、相互促进、共同发展。

（七）发挥科研院所转制中央企业的作用，支撑产业“补短板”和解决关键核心技术“卡脖子”难题

我国央企中有一支重要科技创新力量——科研院所转制中央企业，为使这批科研院所转制中央企业发挥支撑产业“补短板”的作用，应立足服务行业共性技术研究和应用基础研究，做好以下四项工作。

一是释放人的积极性、激发创造性劳动：①激发和保护企业家精神；②推行市场化选聘经营管理者，释放经营层创新创业活力；③激发科技、管理、营销等骨干员工的创新创业热情，支持符合条件的科技型企业实施分红激励、骨干员工持股；④发挥考核导向作用；⑤完善薪酬管理制度；⑥建立健全容错纠错机制。

二是完善国资管理体制，促进科研院所转制企业彻底转变经营机制：①以“管资本为主”完善国资管理体制；②调整优化股权结构；③完善公司治理结构；④改善公司决策机制；⑤强化公司激励约束机制；⑥彻底落实“三能”机制。

三是利用资本金注入、重组整合等多元手段提升科研院所转制央企的规模实力与科技创新能力。加大对科研院所转制企业的资本金投入，支持其提升公共服务能力。

四是完善相关配套政策：①深化转制院所改革，探索建立适合转制院所国企特点的体制机制；②优化科研经费管理制度和使用规则；③支持转制院所央企建设第三方公共服务平台。

（八）建立与完善国有资本动态调整机制，持续优化国有资本布局

国有资本动态调整机制需以规范国有资本收益分配管理规则为基础，按照分类分层改革的要求，以国有资本有序进退机制为核心，以国有资本投资、运营公司为纽带，以建立容错纠错机制为保障，与国家政策和战略重点紧密结合。重点工作共有八项。

一是国有资本布局优化调整在企业和平台两个层面同时推进。

二是根据分类改革的思路，针对商业类和公益类国有企业的不同战略定位和发展目标，研究制定差异化的国有资本动态调整机制，实施更加精准有效的分类监管。

三是完善国有资本有序进退机制。创新国有资产配置方式，支持企业依法合规通过证券交易、产权交易等市场化机制，以市场公允价格处置国有资产，实现国有资本形态转换；规范经营性国有资产处置，重大资产转让依托统一的公共资源交易平台公开进行，重大经营性国有资产出租、出借要引入市场机制，做到公开公正透明。

四是突出资本流动属性，强化国有资本的形态管理。以国有资本保值增值为核心，建立健全国有资本形态转换机制和优胜劣汰市场化退出机制，建立有利于国有资本实体形态与价值形态互相转换的有效机制，以提高国有资本流动性为目标，积极推动经营性国有资产证券化。健全国有资本市场化退出机制，加快处置低效无效资产。

五是规范国有资产动态调整的收益分配机制，建立覆盖全部国有企业的国有资本经营预算管理制度。

六是充分发挥国有资本投资、运营公司的平台作用，国有资本投资、运营

公司致力于成为战略性新兴产业转型升级的“引导者”和具备综合金融功能的“服务商”，通过进场交易、兼并重组等方式，实现低效无效资产稳妥有序退出；通过开展投资融资、产业培育、资本整合，推动产业集聚和转型升级，优化国有资本布局结构；通过股权运作、价值管理、有序进退，促进国有资本合理流动，实现保值增值。

七是围绕国家战略重点开展国有资本的动态调整。围绕中央企业科技创新方向和重点任务，发挥国有资本在新兴产业培育、知识产权保护、企业品牌建设等方面的引领作用。同时，与供给侧结构性改革相结合，清理退出一批、重组整合一批、创新发展一批国有企业，建立健全优胜劣汰市场化退出机制，加快淘汰落后产能和化解过剩产能，处置低效无效资产。推动国有企业加快技术创新、管理创新和商业模式创新，提升国有资本效能。

八是建立和完善国有资本动态调整的容错纠错机制。明确国有资本动态调整过程中容错纠错的原则，制定权责清单和负面清单，细化容错情形，明确免责措施；建立健全申诉救济机制和专业评判制度以落实“三个区分开来”原则，形成正面激励和负面惩罚双管齐下的制度合力，为创新型的试点探索解除后顾之忧。

五、相关政策建议

为使体制改革到位、机制改革生效、机构改革做实，相关政策建议如下。

一是深化国有经济布局结构调整与全面深化改革深度结合。①与以“管资本”为主的国资监管体制改革相结合；②与供给侧结构性改革相结合；③与为培育创建具有全球竞争力的世界一流企业的发展环境相结合。

二是建立健全体制机制，消除制度障碍。①健全授权与激励机制建设，以

“松绑”促国有经济布局优化、结构调整、战略性重组；②提升国有资本流动性，完善国有资本动态调整机制；③加强风险管理机制建设，切实防止国有资产流失。

三是加强目标管理及科学规划。根据国有经济布局战略，合理确定调整范围。建立健全论证、评估与跟踪的体制机制，建立健全基于全周期的政策评估机制、调整和重组效果评估与跟踪机制。

四是国有经济要适应重大环境变化，更积极地实施布局战略性调整。①明确国家所有权政策，促进国有经济布局优化、结构调整；②对国有经济调整，在布局和结构上作出制度性安排；③实施国有资本有序进退和国有企业的股权结构调整；④完善国有经济布局优化、结构调整机制，明确调整政策制定和实施的主体及其责任；⑤加快推进垄断行业改革；⑥建立覆盖各类国有资本的股权管理体制；⑦调整国有经济布局与完善国有资本管理体制、发展混合所有制经济和资本市场发展相结合。

五是国有资本要在解决产业体系“缺芯少魂”难题和突破“卡脖子”技术瓶颈等方面发挥作用。要从利用国有企业促进创新向利用国有资本促进创新转变，发挥国有资本基金化支持创新的积极作用。

六是大型国企要在构建具有中国特色的国家协同创新生态系统中发挥积极作用。①从股权激励着手增强企业创新动力；②促进国企更加重视渐进式创新和基于平台的开放式创新；③鼓励和支持国企深度利用国际创新资源；④支持和鼓励国企抓住数字化、智能化发展机遇促进企业转型升级；⑤支持和鼓励大型国企积极参与重建应用型公共研究体系，促进创新发展。

七是确立竞争中性原则并明确其具体规则。一方面，要建立竞争中性原则的实施制度，包括实施对象、实施机构、实施机制等，考虑将竞争中性原则纳入公平竞争审查制度。另一方面，明确竞争中性原则的行为规则，比如对国有企业承担的公益性职能给予合理补贴、不同所有制企业在同等条件下融资等。按照“平等使用生产要素、公平参与市场竞争、同等受到法律保护”的总体原则要求，制定更加明确的行为规则。

八是加快从“管企业”向“管资本”的实质性转变。①继续推动国有资产监管机构职能转变，聚焦四项重点工作、落实“三个归位”；②做实国有资本投资、运营公司，使之成为国有资本市场化运作的专业平台；③大力推进混合所有制改革，将混合所有制作为国有资本的主要存在形式，通过产权改革推动机制改革。对布局于一般竞争领域的商业类企业，要更加重视集团层面的混合所有制改革；对已经实现混合所有制改革的企业，要加快向“管资本”转变，提升企业自主经营的活力，并促进混改企业及时转制。

第一章
国有经济布局优化与结构调整的发展历程和政策路径

在20世纪90年代之前，我国的国有经济布局优化、结构调整基本上处于一种自发式状态——彼时企业政策的重点，主要是增强国有企业活力、允许设立各类企业和鼓励各类企业发展等。直到1993年提出对国有企业进行战略性结构调整的设想——包括优化资本结构、兼并破产、抓大放小、组建企业集团、实行大公司战略等，从20世纪90年代中后期开始，我国国有经济进入有规划、有设计的布局优化与结构调整阶段，迄今经历了三个主要的政策阶段。

一、以“三年脱困”为代表的国有经济战略性调整阶段（1997—2002年）

此阶段的国资国企改革发展有两条主线：一是前期提出建立现代企业制度，二是国有经济战略性调整。这使得此阶段的国企改革发展以制度创新和结构调整为重要特征。

20世纪90年代中后期，随着中国社会主义市场经济体制的建设、非国有企业的蓬勃发展和市场竞争的深化，国企效率效益问题以及如何与市场经济体制相适应等问题开始凸显。到20世纪90年代中期，国有企业出现了较大范围亏损，尤其是中小型国有企业。

针对国有企业较大范围亏损和经营困难问题，1995年秋，国家正式提出“抓大放小”改革，主要思路是收缩战线，对重要企业实施大企业、大集团战略，让国有中小企业退出，让困难企业破产。

进入20世纪90年代中后期，亚洲金融危机爆发带来国内外环境变化，同时受国内经济体制转轨影响，加上机构臃肿、负担过重，以及从普遍短缺向局部过剩的市场格局转变带来竞争加剧，我国国有企业遭遇了前所未有的经营困难。有人主张“休克疗法”，大规模私有化；还有人主张“坚定信心，扎实工作，用三年左右时间使大多数国有大中型亏损企业走出困境”。这是两种不同改革路径选择。

在此关键时刻，1997年党的十五大对国有企业改革作出了重大部署，提出“要从战略上调整国有经济布局。对关系国民经济命脉的重要行业和关键领域，国有经济必须占支配地位。在其他领域，可以通过资产重组和结构调整，以加强重点，提高国有资产的整体质量”；指出要“调整和完善所有制结构”，认为“只要坚持公有制为主体，国家控制国民经济命脉，国有经济的控制力和竞争力得到增强，在这个前提下，国有经济比重减少一些，不会影响我国的社会主义性质”；并且进一步明确“公有制实现形式可以而且应当多样化”，“要着眼于搞好整个国有经济，抓好大的，放活小的，对国有企业实施战略性改组”。

1998年，我国正式开始实施国有企业改革攻坚和扭亏脱困三年计划，计划用三年时间完成国企脱困攻坚战，明确改革目标为“使大多数国有大中型亏损企业摆脱困境，使国有经济整体走出困境，力争到本世纪末使大多数国有大中型骨干企业初步建立现代企业制度”，即选择了“三年脱困”的改革路径。

1999年9月，中共十五届四中全会《中共中央关于国有企业改革和发展若干重大问题的决定》（以下简称《决定》）指出，“国有经济分布过宽，整体素质不高，资源配置不尽合理，必须着力加以解决”；从战略上调整国有经济布局，要“坚持有进有退，有所为有所不为”，标志着国有企业改革进入新阶段。按照“从战略上调整国有经济布局，推进国有企业战略性改组”的方针，同时实施“三改一加强”。通过重组上市，一批国有企业竞争力明显提高，而一批长期亏损、扭亏无望的特困企业退出了市场。同时，由于大量国有公司上市，实现了企业股权多元化，完善公司治理提上议程。中共十五届四中全会《决定》提出，“对国有大中型企业实行规范的公司制改革”，“公司制是现代企业制度的一种有效组织形式。公司法人治理结构是公司制的核心”。公司制改革以及构建各负其责、协调运转、有效制衡的公司法人治理结构，成为建立和完善现代企业制度的重要内容。

这表明“从战略上调整国有经济布局”成为改革方向，改革思路是“对国有经济布局实施战略性调整、对国有企业实施战略性改组”，着眼于搞好整个国有经济。这标志着我国国有企业改革的主流方式从一户一户地搞好每一家国有企业向整体上搞好国有经济转变，调布局、建机制成为工作重点。当时的改革方针是“抓大放小”。“抓大”即对骨干企业进行技术改造贴息和债权转股权；“放小”包括改组、联合、兼并、破产、债转股、贷改投、股份制、股份合作制、承包、租赁、出售等措施，加大兼并破产和下岗分流力度。

主要改革措施是“三去一降，强需求、转机制”。一是去除低效产能，重点针对前期由于投资过热造成低效产能大量积累的中低端制造业，以纺织行业“压锭限产减员”为突破口，逐步扩大到制糖、煤炭、冶金、建材、石化等行业，淘汰了一大批落后设备、技术和工艺，压缩部分过剩产能；同时推动战略性重组，形成一批大型企业集团。二是去杠杆，三是去库存，四是降成本。强需求主要是通过房改、税改、汇改，释放内外部新需求；加入世界贸易组织（WTO）后，外需启动，出口增速回升引导消化过剩产能。转机制主要是贯彻《全民所有制企业转换经营机制条例》，落实企业经营自主权。同时，分离企业办社会职能，通过“精干主体，分离辅助”，将国有企业自办的中小学校、医院和消防、公安机构及其他生活服务设施，交给地方政府管理，取得了一些进展。

在这样的时代背景下，国家出台系列政策，以战略性调整国有经济布局为主，同时综合运用多种改革举措，基本实现了“用三年左右的时间使大多数国有大中型亏损企业摆脱困境，进而建立现代企业制度”的攻坚脱困改革目标。经过这一阶段的战略性调整，国有企业整体走出困境。一是亏损面收窄，盈利能力增强。三年间，国有及国有控股大中型企业亏损面收窄到27.2%，大多数行业实现了整体扭亏或继续增盈，包括纺织行业在内的五个重点行业整体扭亏，实现利润2000亿元以上。二是各省（自治区、直辖市）全部实现整体盈利。三是去产能效果显著。四是企业负债率显著降低（从70%~80%下降到50%左右），债转股企业的资产负债率由原来的70%以上降到50%以下，当年可减少企业利息支出200亿元左右。

更重要的是，在国有大中型企业“三年脱困”目标基本实现、国有企业建立和完善现代企业制度取得进展的基础上，国有经济战略性调整和国有企业战略性改组成为国企改革的重点工作，并得到实施，不仅保证了国有经济继续发挥主导作用，也积累了国有经济布局优化、结构调整的宝贵经验。

二、以国资委为主导、以国企重组为主要手段推进国有资本调整阶段（2003—2012年）

2003年国务院国有资产监督管理委员会成立后，以中央企业为抓手，积极推进国有经济布局优化、结构调整和战略性重组。国务院国资委在2005年完成的理论课题《关于中央企业国有经济布局和结构调整若干重大问题的思考》中提出了“五个优化”和“四个集中”——优化国有资本在有关行业领域的分布、优化在产业内部的分布、优化在区域间的分布、优化在企业间的分布和企业内部分布；进一步推动国有资本更多地向关系国家安全和国民经济命脉的重要行业和关键领域集中、向具有竞争优势的行业和未来可能形成主导产业的领域集中、向具有较强国际竞争力的大公司大企业集团集中、向中央企业主业集中。主要目标是通过优化重组，引导中央企业突出主业、提升国际竞争力。这些思路或多或少地影响了后续出台的相关政策。

2006年，为了进一步规范和推动央企兼并重组工作，国务院办公厅转发国资委《关于推进国有资本调整和国有企业重组的指导意见》，针对国有资本的优化重组提出了明确意见。2010年下发《国务院关于促进企业兼并重组的意见》，针对2008年国际金融危机所带来的影响和当时所面临的国际环境变化，以及转变经济增长方式和加快产业结构调整等目的，进一步明确了国企重组的基本思路。

这一阶段的国有经济布局优化和结构调整，主要由国资委推动，以国有企业兼并重组为主要手段，在实践中主要采取了强强联合、优势企业兼并劣势企业、科研院所并入产业集团、非主业资产剥离等四种主要操作模式。

从成效上看，以重工业为例，2000年煤炭、钢铁、石油开采、电力行业的国有经济占比分别为81.9%、94.5%、73.8%、85.4%；到2010年，四个行业相应占比变为53.6%、36.9%、92.3%、93.0%。可见，十年间国有经济在重工业行业中的结构调整明显，根据我国资源禀赋结构、国家工业化进程和国际市场形势变化，提高了关系国家经济命脉的能源行业的控制程度，而在竞争性逐步提升的煤炭、钢铁行业有所收缩。此外，在国务院国资委的指导和协调下，一批中央企业抓住了经济发展景气周期和推进重组整合的政策机遇，快速推进规模扩张，实现了规模实力上的做大做强。

三、新时代全面深化国企改革阶段（2013—　）：以“管资本为主”推动国有资本合理流动优化配置、促进国有经济布局优化与结构调整

党的十八大以来，国有经济布局调整优化工作随着国资、国企改革全面推进而进一步深化。2015年出台的《关于深化国有企业改革的指导意见》提出，要优化国有资本布局结构，以管资本为主推动国有资本合理流动优化配置。这一阶段，国有经济布局优化与国资监管体制改革、供给侧结构性改革等多项改革政策相结合，重点通过国有企业之间的战略性重组和专业化整合等手段，推动国有资本合理流动、优化配置，进而实现国有经济布局优化和结构调整。

2016年国务院办公厅《关于推动中央企业结构调整与重组的指导意见》指出，推动中央企业结构调整与重组应坚持服务国家战略、尊重市场规律、与改革相结合、严格依法规范、统筹协调推进等五项基本原则，其中最核心的是坚持服务国家战略的原则，中央企业结构调整与重组，要服务国家发展目标、落实国家发展战略、贯彻国家经济政策，以管资本为主加强国资监管，不断推动国有资本合理流动、优化配置。

时任国务院国资委负责人2018年3月发表文章指出："优化国有经济布局主要有四条思路：一要突出战略规划引领；二要扎实推进战略性重组；三要积极推进专业化整合；四要稳步开展国际化经营。"

国务院国资委2019年9月召开的"深化改革源活力砥砺奋进新时代"媒体通气会上，相关领导表示，"要持续推进国有资本布局优化。推动国有资本向关系国家安全、国计民生、前瞻性战略新兴产业集中。除了这三大领域，一般性的竞争行业要加大退出力度。涉及这方面的退出是当前的重要任务，要有序地退或者转为一般性的财务投资"。

在此阶段，国有经济布局优化和结构调整，主要的操作路径有三条。

一是重点推进装备制造、煤炭、电力、通信、化工等领域中央企业的战略性重组。以重组整合为契机，深化企业内部改革和机制创新，放大重组效能。

二是推进专业化整合，以拥有优势主业的企业为主导，发挥国有资本投资、运营公司专业平台作用，推动煤炭、钢铁、海工装备、环保等领域的资源整合，减少重复建设；结合国家重大专项、行业体制改革等，围绕重点领域整合现有优质资源，适时培育孵化新的产业集团公司。

三是与"一带一路"倡议等相结合，通过创新对外投资方式、抓好重点项目实施，获取先进技术、优化全球布局、打造国际品牌，构建国际产能合作网络和装备制造合作平台，形成面向全球的资源配置和生产服务网络，国有企业积极开展国际化经营、培育国际合作竞争新优势，建设具有全球竞争力的世界一流企业。

我国国有资本在向关系国家安全、国民经济命脉和国计民生的重要行业和关键领域不断集中，国有资本在军工、电网电力、石油石化、交通运输、电信等行业的占比达到80.1%。下一步，将突出抓好国有资本布局优化和结构调整，以落实"十四五"规划为重要抓手，强化规划的战略引领作用，突出主业实业的优化升级，积极推动重组整合，高质量推进“一带一路”建设，进一步提升国有资本整体功能和配置效率。需要强调的是，随着百年未有之大变局的展开、科技革命和产业变革的加速，“科技决定国运”已成为普遍共识和迫切要求。在当前的国际政治经济格局下，国有资本要加大在创新性、战略性领域的布局，在重要产业的核心技术、共性技术、关键零部件等环节，在解决“卡脖子”关键技术难题、攻克产业体系“缺芯少魂”难关等方面，发挥国有资本难以替代的作用。

要以“科技决定国运”的认识，切实深化科教体制改革，踏实推进科教兴国、人才强国、创新驱动发展战略，强化基础领域研究，解决“卡脖子”关键技术难题、攻克产业体系“缺芯少魂”难关，抓住新一轮科技革命和产业变革带来的“换道超车”和“弯道超车”机遇。

第二章
党的十八大以来国有经济布局优化与结构调整的主要做法

基于国有企业涉足了绝大多数国民经济行业的国民经济布局现状，以及“国有经济布局优化、结构调整的任务还远没有完成”的深刻认识，党的十九大报告明确提出，要加快国有经济布局优化、结构调整、战略性重组。为此，中央和地方、政府和企业根据各自的能力特点和功能任务，开展了各具特色的实践与探索。

一、中央层面：央企战略性重组和专业化整合

（一）中央政府：推动央企战略性重组和专业化整合

党的十八大以来，由中央决策、国务院国资委为主要推动落实机构，持续推动国有资本布局优化和结构调整、中央企业的战略性重组和专业化整合，以此促进国有经济的布局优化和结构调整。

2016年，国务院办公厅印发《关于推动中央企业结构调整与重组的指导意

见》明确提出了央企结构调整的总体目标和思路。该文件明确，中央企业结构调整的方向是在国防、能源、交通、粮食、信息、生态等关系国家安全的领域保障能力显著提升；在重大基础设施、重要资源以及公共服务等关系国计民生和国民经济命脉的重要行业控制力明显增强；在重大装备、信息通信、生物医药、海洋工程、节能环保等行业的影响力进一步提高；在新能源、新材料、航空航天、智能制造等产业的带动力更加凸显。手段是通过兼并重组、创新合作、淘汰落后产能、化解过剩产能、处置低效无效资产等途径，形成国有资本有序进退、合理流动的机制。重点工作是"四个一批"（巩固加强一批、创新发展一批、重组整合一批、清理退出一批），巩固安全保障功能，搭建调整重组、科技创新和国际化经营平台，推进强强联合、专业化整合、企业内部资源整合，积极稳妥开展并购重组，大力化解过剩产能，清理长期亏损、扭亏无望企业和低效无效资产，退出不具有发展优势的非主营业务。

（二）中央企业：三种方式落实国有经济优化与结构调整的战略部署

中央企业作为落实国有经济布局优化与结构调整的重要实施载体，在实践中形成了三种具体操作的典型模式。

第一种操作模式：兼并重组

党的十八大以来，国务院国资委主导，累计推动了19组共涉及36家中央企业的并购重组，主要有纵向整合与横向兼并两条主渠道。

一是以优势互补为途径，为培育具有全球竞争力的世界一流企业创造条件。这以纵向整合为主，提升专业化分工、合作水平和供应链管控能力，促进纵向一体化。如分处产业链上下游的神华集团有限责任公司（简称神华集团）

与中国国电集团公司（简称国电集团）合并重组为国家能源投资集团有限责任公司（简称国家能源集团），以煤电一体化运营来缓解长期困扰行业发展的“煤电顶牛”矛盾。

二是以质量效益为导向，优化经济布局和产业结构、淘汰落后过剩产能、消化和处置困难企业。这以横向兼并为主，如宝山钢铁股份有限公司（简称宝钢）和武汉钢铁集团（简称武钢）合并重组、中国东方航空公司（简称东方航空）吸收合并上海航空股份有限公司（简称上海航空）等，目的是扩大规模优势、发挥协同效应、提高行业集中度。

第二种操作模式：设立新企业进入新领域

为了提升国有资本对关系国家安全、国民经济命脉等重要领域的引导和影响力，在相应领域设立新的国有企业，具体落实和实现国家重大战略。如2008年成立中国商用飞机有限责任公司（简称中国商飞），作为实施国家大型飞机重大专项中大型客机项目的主体，以促进大飞机产业链和产业集群的形成。2016年成立中国航空发动机集团有限公司（简称中国航发），致力于航空发动机这一重要关键设备——“现代工业皇冠上的明珠”的自主研发。2014年成立中国铁塔股份有限公司（简称中国铁塔）。从2015年起，3家运营商不再各自建站，交由中国铁塔统一建设维护，为行业统一提供高质量的基础设施服务，以共享竞合模式，避免重复建设，节约资源，推动三大基础电信运营商企业聚焦主业、轻资产经营——铁塔共享水平由14.3%提升到73.0%，共减少铁塔重复建设56.8万座，节约投资1003亿元，节约土地2.77万亩。

第三种操作模式：搭建“管资本”的市场化调整重组平台

一是改组组建国有资本投资、运营公司，作为国有资本布局优化与结构调整的运作平台。2018年国务院发布《关于推进国有资本投资、运营公司改革试点的实施意见》，明确“两类公司”试点相关工作；国务院国资委首批选择了8家央企开展国有资本投资公司试点、2家央企开展运营公司改革试点；第二批增加了11家国有资本投资公司试点。投资公司以对战略性核心业务控股为主，通过开展投资融资、产业培育和资本运作等，发挥投资引导和结构调整作用；运营公司以财务性持股为主，通过股权运作、基金投资、培育孵化、价值管理、有序进退等方式，推动国有资本合理流动和保值增值。

二是设立公司制、市场化平台，以投资基金等方式撬动社会资源，引导各类资本参与国有经济布局结构优化。例如，为推动央企“去产能”，中国诚通控股集团有限公司（简称中国诚通）与中国国新控股有限责任公司（简称中国国新）、中煤能源集团有限公司（简称中煤集团）、神华集团有限责任公司（简称神华集团）共同出资组建国源时代煤炭资产管理有限公司，以推动中央企业化解煤炭过剩产能和实现煤炭产业脱困发展，推动优化整合涉煤中央企业煤炭资源。为服务国企结构性改革，中国诚通牵头十家中央企业、中央金融企业以及地方，共同发起设立中国国有企业结构调整基金股份有限公司。在此轮国企改革“管资本为主”的大背景下，相关政策促进了国有资本基金化。国资基金自2014年起，进入了新一轮快速发展期。投资基金化已成为国有资本运营的主流方式。

二、地方层面：以国有资本的调整服务于区域经济和地方战略性新兴产业发展

地方国有资本的质量与规模迥异于中央，其功能定位与使命目标也有很大不同。其中，上海比较好地代表了城市型国有资本调整模式；广东经济发达，但粤北、粤南经济社会发展差距较大，比较好地代表了省域国有资本调整模式和服务地方战略的做法。

（一）上海：发挥两大平台公司作用，实施“四进二退”

2014年上海市国有资产监督管理委员会发布的《关于进一步推动本市国资布局结构优化调整的实施意见》（以下简称《意见》），是中共十八届三中全会提出优化国资布局、加快结构调整的要求后，首个出台的省级实施意见。《意见》明确了上海国资调整方向：加快培育发展战略性新兴产业，提升先进制造业企业核心竞争力，形成具有国际竞争优势的现代服务业企业，发挥国资支撑和保障基础设施建设和公共服务的作用；坚决调整不符合上海城市功能定位的产业，坚决退出缺乏竞争优势且长期亏损的企业。

1. 上海国有资本调整成效显著

从实施效果来看，上海国有资本向四大领域不断聚焦，2018年上海国有资本在战略性新兴产业、先进制造业、现代服务业、基础设施和民生保障等四大领域的投资集中度达到85%，2019年继续按照这一部署，推进国资委系统新增投资聚焦，并加快实施集成电路、人工智能、生物医药、新能源汽车、智能制造等一批重点项目。

国有资本投资、运营公司优势不断凸显。2014年以来，按照上海市委、市政府和市国资委的改革部署，上海国盛集团有限公司（简称上海国盛）和上海国际集团有限公司（简称上海国际）转变为国资运营平台，承担“两主体一通道”职能，即国有资本运作主体、国有企业持股主体和国有资产有进有退的通道，其中上海国盛以持有产业集团股权为主，上海国际以持有金融机构股权为主。

上海国盛聚焦国有资本运营、重大产业投资、基金战略配置三大基础功能，在推进国有股权运作流动、投资培育战略性新兴产业、盘活整合国有存量资产等方面积极发挥作用；在国有资本运营方面，探索出了置换剥离经营性实业资产、划转产业集团上市公司股权、推动市属产业集团整体上市和实现股权进退流动、筹集资金投入新兴产业等四种主要模式，形成资金流动和布局调整的循环机制，促进国有资本布局调整，服务城市发展。

上海国际定位为战略控制型金融投资集团，打造以金融投资为主、非金融投资为辅的综合性金融集团。上海国际积极促进国资有序流动、战略重组、优化布局，形成了国有资本运营、金融股权投资、金融要素市场、产业基金投资等四大业务板块。其国有资本运营经验主要是：推进资产重组整合，优化地方国资布局结构；按照“管好资本、授权经营、放活企业”的原则，建立以管资本为主的管控体系，提升企业活力、竞争力；支持和参与金融要素市场建设，不仅服务了上海国际金融中心建设，也为上海建设科创中心提供支持。

2. 上海市属国企产业布局和分布结构

从资产规模来看，2013—2017年上海国有资产总量从110637.75亿元增长至185895.82亿元（含金融企业），年均增长率13.6%（见图2–1）。截至2017年末，上海国有资产中归属母公司所有者权益总额为33700.89亿元。

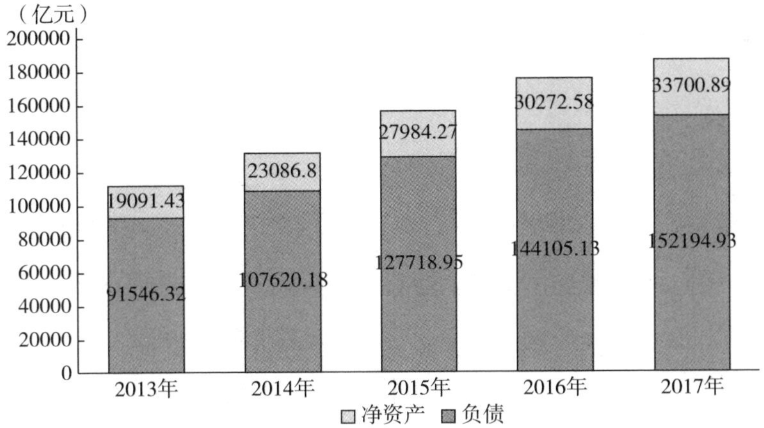

图2-1　2013—2017年上海国有资产总额

资料来源：作者根据上海国资委相关文件整理。

从经济效益来看，2013—2017年上海国企实现营业收入从25893.00亿元增长至33047.68亿元；利润总额从2013年2259.80亿元增长至3605.63亿元（见图2–2）。

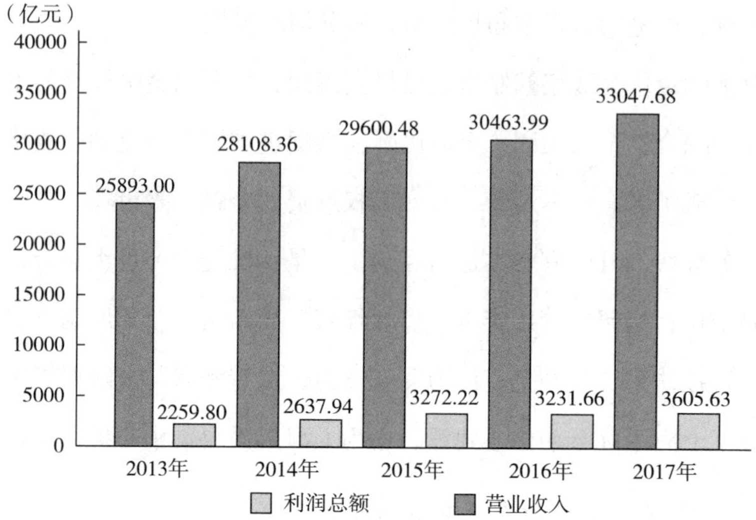

图2-2　2013—2017年上海国企营业收入和利润总额

资料来源：作者根据上海国资委相关文件整理。

从经济产出来看，2017年上海市国有及国有控股企业实现国内生产总值（GDP）6719.68亿元，占全市国内经济生产总值（30133.86亿元）的比重为22.30%。具体见图2–3。

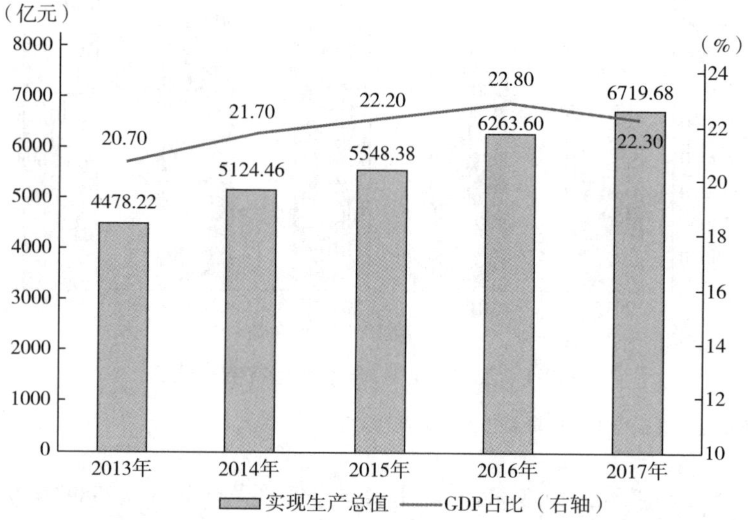

图2-3　2013—2017年上海国企实现生产总值和占比

资料来源：作者根据上海国资委相关文件整理。

（1）产业分布。根据统计数据，上海市属国企在战略性新兴产业、先进制造业领域的资产份额分别为15.46%和14.89%；营业收入份额分别为20.38%和23.17%；归属母公司净利润份额分别为29.31%和28.91%。

战略性新兴产业分布情况[①]。2017年，上海市属国企在战略性新兴产业的资产、营业收入、归属母公司的净利润分别为15254.53亿元、6372.12亿元、783.26亿元。从细分领域来看，市属国企在集成电路、汽车电子、新型显示、传感控制与仪器仪表、智能检测与物流装备、生物医药、新能源与智能网联汽车、核电设备、气电装备等领域基础较好，在打造龙头企业和专业性骨干企业方面有一定的先发优势。上海市属国企战略性新兴产业重点发展领域和主要涉及集团见表2–1。

表2-1　上海市属国企战略性新兴产业布局

重点发展领域	主要涉及集团
新一代信息技术	上海华虹（集团）有限公司、上海仪电（集团）有限公司、上海汽车集团股份有限公司
智能制造装备	上海电气集团、上海仪电（集团）有限公司、上海国际港务（集团）股份有限公司、上海工业自动化仪表研究院
生物医药与高端医疗器械	上海上实（集团）有限公司、上海联和投资有限公司
新能源与智能网联汽车	上海汽车集团股份有限公司
航空航天	上海国盛（集团）有限公司
高端能源装备	上海电气（集团）有限公司、上海申能（集团）有限公司
新材料	上海华谊（集团）公司、东方国际（集团）有限公司（纺织）、上海地产（集团）有限公司（建材）、上海化工研究院
节能环保	上海电气集团有限公司、上海地产（集团）有限公司（建材）、上海化工研究院
海洋工程装备	上海临港集团、中国海洋工程装备技术发展有限公司

资料来源：作者根据上海国资委相关文件整理。

① 根据《上海制造业转型升级“十三五”规划》和《全力打响“上海制造”品牌加快迈向全球卓越制造基地三年行动计划（2021—2023年）》，上海市列入战略性新兴产业重点发展领域的主要包括新一代信息技术、智能制造装备、生物医药与高端医疗器械、新能源与智能网联汽车、航空航天、海洋工程装备、高端能源装备、新材料、节能环保等9大领域。

先进制造业分布情况[①]。2017年，上海市属国企在先进制造业的资产、营业收入、归属母公司的净利润分别为14693.02亿元、7242.06亿元、772.42亿元。上海市属国企先进制造业重点发展领域和主要涉及集团见表2–2。

表2-2 上海市属国企先进制造业产业布局

重点发展领域	主要涉及集团
汽车产业	上海汽车集团股份有限公司
钢铁产业	主要依托央企宝武钢铁
化工产业	上海华谊（集团）公司、上海化工研究院
船舶产业	光明食品（集团）有限公司（水产）、上海交运（集团）公司
都市产业	光明食品（集团）有限公司、华建集团、东方国际（集团）有限公司

资料来源：作者根据上海国资委相关文件整理。

（2）行业分布。截至2017年底，上海市属国企共涉及83个行业大类，主业集中分布在53个行业大类。83个行业大类分布差异悬殊。其中，排名前20的行业累计集聚了市属企业93.26%的资产、90.32%的营业收入和95.39%的归属母公司的净利润，而排名最后的20个行业的累计资产比重仅为0.11%、营业收入比重仅为0.21%、归属母公司的净利润比重仅为0.11%。

前20个行业。按资产、营业收入和归属母公司净利润排序，前20个行业累计三类指标均达到90%以上。资产排名前五的行业为：房地产业（30.37%）、商务服务业（21.7%）、道路运输业（7.1%）、汽车制造业（5.87%）、批发业（4.35%）。营业收入排名前五的行业：批发业（27.76%）、零售业（15.28%）、汽车制造业（11.55%）、房地产业（7.3%）、房屋建筑业（6.55%）。归属母公司净利润排名前五的行业：汽车制造业（33.9%）、房地产业（16.5%）、商业服务业（15.78%）、零售业（3.72%）、批发业（2.55%）。

后20个行业。按资产排序，后20个行业的资产规模很小，每个行业的资产

① 根据《上海制造业转型升级“十三五”规划》，区别于战略性新兴产业的分类，上海市列入先进制造业重点发展领域的主要包括汽车产业、钢铁产业、化工产业、船舶产业、都市产业等五大板块。

占比均低于0.01%，总体上分布分散，营业收入和归属母公司的净利润贡献率也相应很低。

（3）企业分布。我们主要从500强企业排名和企业集聚度两方面来进行分析。

先看500强企业排名情况。在2019年《财富》杂志世界500强企业排名中，上海市属国企共有5家入围，上海汽车集团股份有限公司（简称上汽集团，第39位）、中国太平洋保险（集团）股份有限公司（简称中国太保，第199位）、绿地建设（集团）有限公司（简称绿地集团，第202位）、上海浦东发展银行（简称浦发银行，第216位）。

在2019年中国500强企业排名中，上海市属国企有19家企业入围，包括上汽集团（第9位）、中国太保（第49位）。

再看企业集聚度情况。近年来，上海市属国企集聚度不断提高，资产、营业收入和归属母公司的净利润集中分布在特大型、大型企业集团的态势正在强化。

从资产分布来看，2017年资产总额1000亿元以上的共11家，500亿~1000亿元的共有10家，500亿元以下的共有20家。其中，资产规模排名前10的市属国企资产总额合计为32158.48亿元，占市属企业资产总额的75.8%，包括：绿地集团（14.1%）、上汽集团（12.2%）、上海城投（11.2%）、久事集团（9.5%）、上实集团（6%）、光明集团（5.6%）、地产集团（5.2%）、上海电气（4.9%）、上海建工（3.6%）、申能集团（3.4%）。

从营业收入来看，2017年营业收入1000亿元以上的共有7家，500亿~1000亿元的共有2家，100亿~500亿元的共11家，100亿元以下的共有21家。其中，营业收入排名前10的市属国企营业收入总额合计为17219.06亿元，贡献率超过8%，包括：上汽集团（33.3%）、绿地集团（10.3%）、光明集团（7.3%）、上海建工（6.4%）、上实集团（6.2%）、百联集团（6%）、东浩兰生

（5.9%）、上海电气（4.8%）、华谊集团（3.1%）、上海纺织（2.3%）。

从利润总额来看，2017年市属国企的利润总额主要来源于投资收益，共有28家实现了利润总额正增长，增长额合计为145.49亿元，其中利润增长前五位的企业贡献超过市属国企利润增长总量，即上海城投、上汽集团、久事集团、绿地集团、申能集团利润总额合计627.86亿元，较上年增加96.19亿元，超过市属国企利润增长总额；共有13家利润总额为负增长，减少额合计为78.51亿元，其中利润减少前五名的企业即百联集团、地产集团、光明集团、华谊集团、申能集团的减少额合计为68.54亿元。

（二）广东：存量提升、增量引导，“三驾马车”分类推进、协同发展

2017年，广东省国资委研究制定了《省属国有企业布局结构调整优化方案》，确定了整合的总体思路是，将省属企业的准公共性和竞争性两大类别，进一步细分为准公共类、竞争类、金控类三大类别，以“存量提升、增量引导”为基本导向，加大优化调整力度，实现“三驾马车”分类推进、协同发力。

准公共类企业要打造成为全省重大基础设施投资、建设、运营和管理的主力军，更好发挥主导性作用。广东省国资委对于准公共类的省属国企，提出要构建机场、公路交通、轨道交通、港航、能源、水利、建工、水务、污水处理、固废危废处理等十大基础设施投融资平台公司，重点推进骨干机场布局、高速公路骨干网建设、高速铁路网建设等重点基础设施建设。

竞争类企业要打造成为具有核心竞争力的行业引领者，更好发挥先导性作用，坚持产业化、市场化、专业化、证券化发展。主要思路是培育省属新兴产业资本投资公司和能实现整体上市的传统优势产业集团；对于主业竞争力弱、产业关联度较差的专业公司资产，原则上交由国有资本运营公司统筹管理，或

者通过市场化方式退出。

金控类企业要在整合潮中打造成为专业高效的综合金融、要素交易服务提供商，更好发挥保障性作用，充分发挥在统筹协同各类金融资源和要素资源方面的平台和媒介优势，为全省经济社会建设、产业发展、省属企业深化改革提供专业、高效、优质的综合服务。省属企业中，广东恒健投资控股有限公司（简称恒健控股）被赋予省属国有资本运营平台的功能，在省属企业布局结构调整和传统优势产业集团改革重组中发挥独特作用。

恒健控股是迄今广东省唯一的省级国有资本运营公司和产融结合平台，公司坚持以省委、省政府和省国资委的战略部署为指导，探索出政府、产业、恒健控股、社会资本“四位一体+基金”产融结合商业模式，以及“产业规划+资本结构优化+机制激活+证券化”的国企改革综合模式；主要通过资本运营、基金投资等产融结合手段，服务广东经济社会发展，通过积极有效地管理持股央企股权[①]，加强管理、收益、再投资能力建设，当好广东省“国有产业资本运营商”。其重点任务是有效整合布局国有资本和履行积极有限股东权责。如顺应“投资基金化成为国有资本运营主流方式”的趋势，公司布局千亿元级“恒健系”基金群[②]，服务省委、省政府的战略部署，服务于粤港澳大湾区建设、深化供给侧结构性改革、乡村振兴、创新驱动发展等国家战略，取得成效。再如恒健控股围绕划拨的央企股权资产，积极开展股权管理，派出产权代表参与公司治理，促进企业提高管理和治理水平，强化对央企股权管理、收益、再投资能力。

---

① 公司代表广东省政府、省国资委持有中国广核集团有限公司、中国广核电力股份有限公司、宝钢集团广东韶关钢铁有限公司、宝钢湛江钢铁有限公司、中航通用飞机有限责任公司、中国南方电网有限责任公司等央企股权。

② 一是设立运作广东粤澳合作发展基金；二是组建管理广东省农业供给侧结构性改革基金；三是组建广东省先进制造产业投资基金；四是筹备设立广东上市公司扶持发展基金。

第三章
国有经济布局优化与结构调整的成效、经验及待改善之处

一、国有经济布局优化与结构调整的成效

经过多年有规划的持续努力，我国的国有经济布局优化与结构调整取得了积极进展，主要表现在行业布局有所优化、区域布局趋向平衡，国有经济的影响力、控制力、带动力和抗风险能力不断提升，国有资本在服务民生、战略性新兴行业、关键领域的积极作用日益明显。

（一）行业布局：调整优化态势较为明显

1.投入视角：增量改革明显促进了国有经济布局优化

从投入的视角，我们使用新增固定资产投资占比来衡量国有经济在各行业的新增投资趋势。图3–1展示了2005—2017年三大产业中国有控股企业完成固定资产投资占比变化。可以看出，主要布局于第一产业的国有控股企业固定资产投资占比有所上升；主要布局于第二产业的国有控股企业固定资产投资占比

迅速调整，从2005年的35%降至2017年的不足20%，较国企净资产和营业收入占比下降幅度更大；但布局于第三产业的国有控股企业固定资产投资占比则明显上升，幅度快于净资产和营收占比。

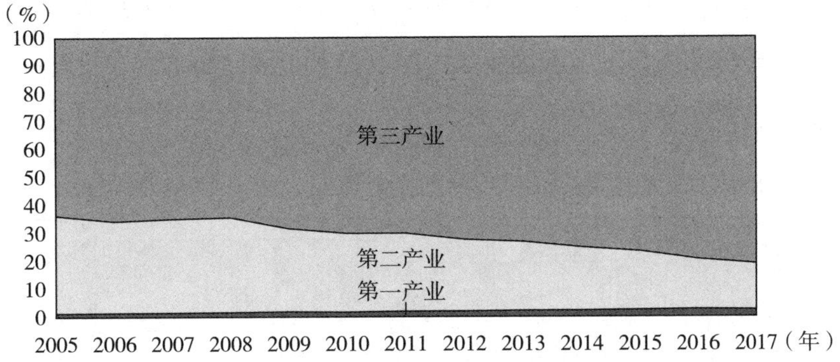

图3-1　2005—2017年三大产业国有控股企业固定资产投资比例

资料来源：国家统计局。

根据制造业各细分行业2005—2017年固定资产投资完成数据（图3–2），可以看出医药制造、通信设备、计算机及其他电子设备制造业等高技术制造相关行业的固定资产投资完成占制造业比例持续上升，而冶金等行业占比持续下降，食品加工制造、纺织服装等行业固定资产投资占比保持相对稳定。

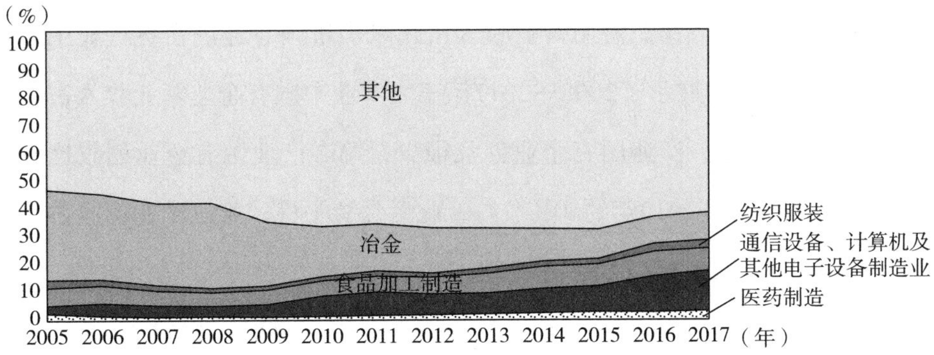

图3-2　2005—2017年制造业各细分行业国有控股企业固定资产投资比例

资料来源：国家统计局。

根据服务业各细分行业2005—2017年固定资产投资完成数据（图3-3），可以看出，相较于其他行业的投资增长，布局于房地产业国有控股企业的固定资产投资增长很快。但鉴于房地产业是重资产行业，对于固定投资依赖度高，因此服务业的固定资产投资对于认知国资分布变化的参考意义有限。此外，布局于水利、环境和公共设施管理领域的国有控股企业的固定资产投资占比，在2012年之后增长非常明显。

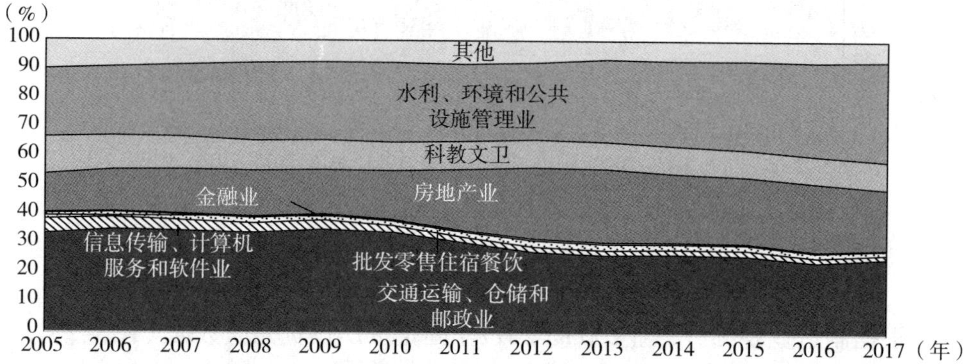

图3-3　2005—2017年服务业各细分行业国有控股企业固定资产投资比例

资料来源：国家统计局。

2.产出视角：反映国有经济布局有所优化

从产出的视角，我们使用营业收入占比来衡量国有经济在各行业中的产出变化情况。图3-4展示了2008—2017年三大产业中国有企业营业收入占比变化。可以看出，第一产业国有企业创收很少；第二产业国有企业创收比例从2008年的60%降低到2013年的50%左右，此后保持平稳；第三产业创收占比总体来看持续上升，2013年后保持在50%左右。

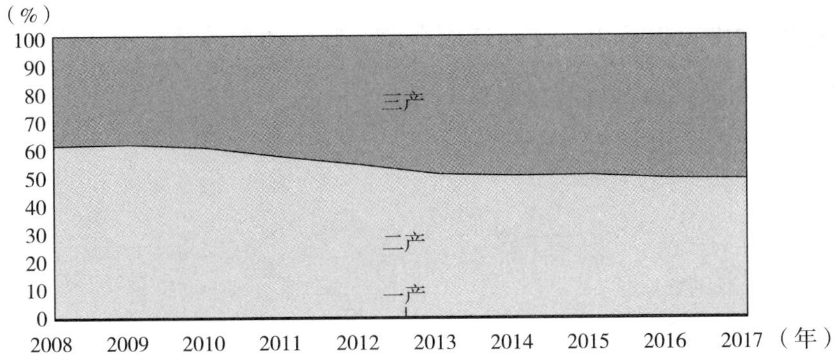

图3-4　2008—2017年三大产业国有企业营业收入比例

资料来源：2008—2017年的《中国财政年鉴》。

细分到行业看，图3-5展示了工业中主要行业国企营业收入占比变化，可以看出2008年以来，机械、电子和市政公用、电力营收占比有所升高，煤炭、石油石化等工业行业营收占比有所下降，但在2016年这一下降趋势已停止并重新开始升高。

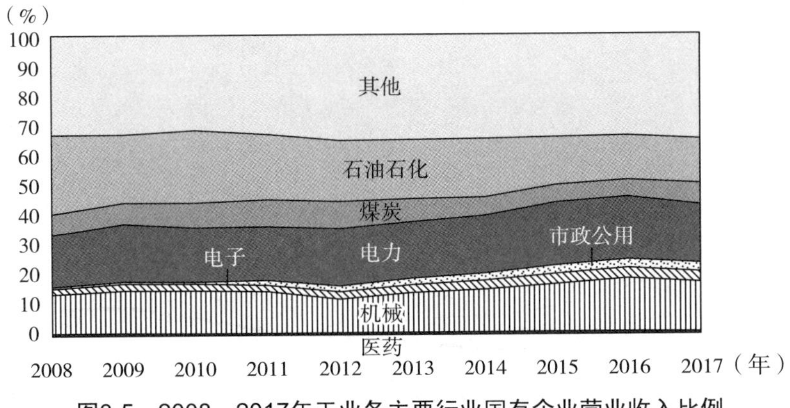

图3-5　2008—2017年工业各主要行业国有企业营业收入比例

资料来源：2008—2017年的《中国财政年鉴》。

图3-6和图3-7展示了第三产业中主要行业国企营业收入占比变化。从图3-6中可以看出，信息技术服务业、科学研究和技术服务业、机关社团及其

他都有较明显提升，教育文化广播业有所下降，社会服务业2013年后开始上升；从图3-7中可以看出，交通运输仓储、邮电通信等传统服务业占比都有所下降，但房地产业占比有较明显上升。

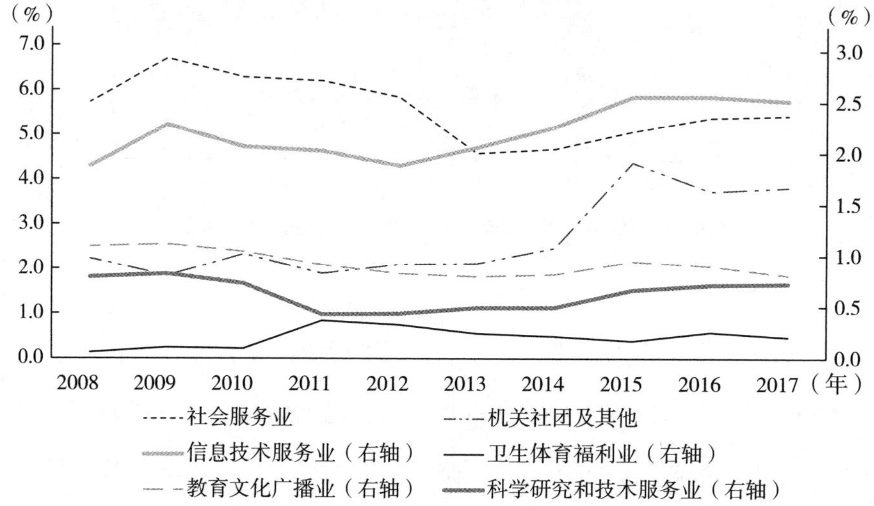

图3-6 2008—2017年第三产业各主要行业国有企业营业收入比例（1）

资料来源：2008—2017年的《中国财政年鉴》。

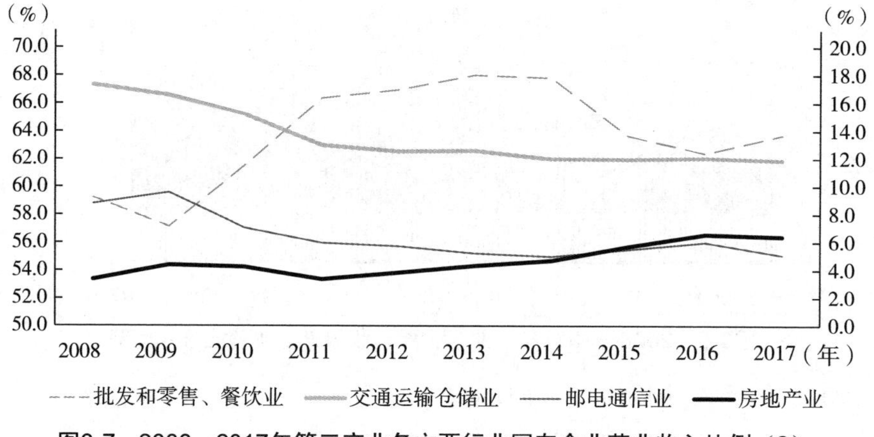

图3-7 2008—2017年第三产业各主要行业国有企业营业收入比例（2）

注：右轴表示本图中四个行业的参照系。

资料来源：2008—2017年的《中国财政年鉴》。

3.存量视角：调整态势比较明显

从国有经济整体“大盘子”来看，图3–8展示了2008—2017年三大产业国有企业资产总额规模占比变化情况。可以看出，国有资本在第一产业基本保持稳定，占比极低；明显退出第二产业，从2008年的近50%降至2017年的不足40%；第三产业占比明显提升，从2008年不足50%提升至2017年的超过60%。显示出国有经济从第二产业退出转移向第三产业的现象，这与我国整体产业结构发展趋势是一致的。

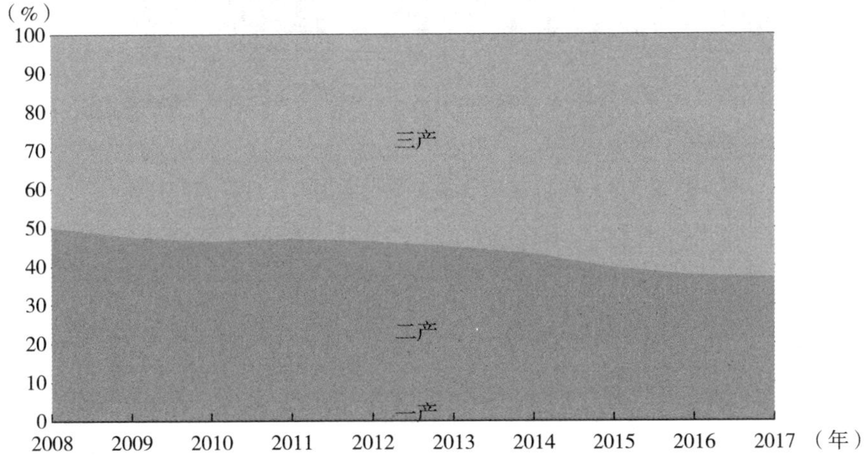

图3-8　2008—2017年三大产业国有企业净资产比例

资料来源：2008—2017年的《中国财政年鉴》。

细分到行业看，图3–9展示了工业中主要行业国企净资产占比变化，可以看出医药、机械、电子等行业，和市政公用工业、电力工业等公共产品行业净资产占比逐步升高，煤炭、石油石化等工业行业净资产占比逐步下降。

图3–10和图3–11展示了第三产业中主要行业国企净资产占比变化，可以看出科学研究和技术服务业、信息技术服务业都有较明显提升，教育文化广播业有较明显的下降；图3–11中可以看出，在交通运输仓储业、邮电通信业、

批发和零售、餐饮业等传统服务业占比都有所下降，但在房地产业占比有较明显上升，这一现象值得关注。

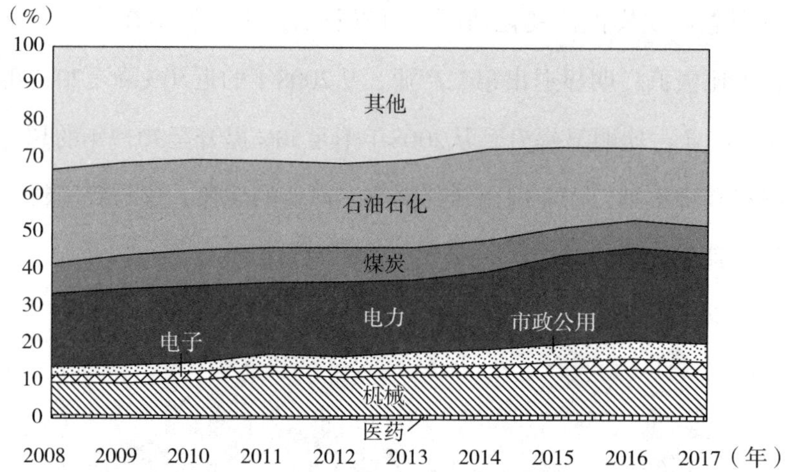

图3-9　2008—2017年工业各主要行业国有企业净资产比例

资料来源：2008—2017年的《中国财政年鉴》。

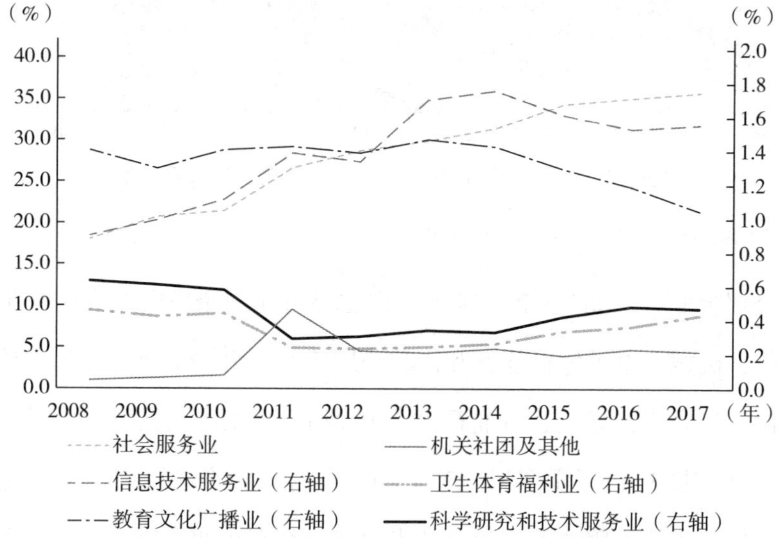

图3-10　2008—2017年第三产业各主要行业国有企业净资产比例（1）

资料来源：2008—2017年的《中国财政年鉴》。

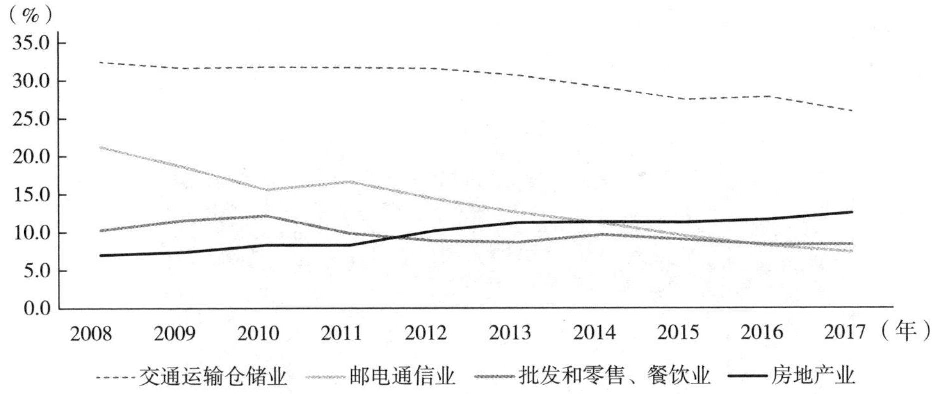

图3-11　2008—2017年第三产业各主要行业国有企业净资产比例（2）

资料来源：2008—2017年的《中国财政年鉴》。

4.增量视角：在特定行业中净资产和营收占比有升有降

从增量视角看，我们重点关注国有经济在特定行业的分布变化情况，如公益性行业、高新技术产业、重化工行业、产能过剩行业等。

根据国家统计局发布的2012—2017年工业细分行业数据（图3–12、图3–13），可以看出：高技术制造业[①]相关行业净资产占比逐步升高，营收保持平稳、略有上升；水电燃气的生产和供应等公益行业净资产占比逐步升高，营收保持稳定；采矿、冶金等行业净资产和营收占比均逐步下降；食品加工制造、纺织服装等竞争领域净资产和营收占比均保持相对稳定水平。

① 根据国家统计局发布的高技术产业（制造业）分类（2017版），高技术制造业包括：医药制造业，航空、航天器及设备制造业，电子及通信设备制造业，计算机及办公设备制造业，医疗仪器设备及仪器仪表制造业，信息化学品制造业。考虑到数据的可获得性，本研究选取国家统计局发布的工业数据中国有控股工业企业中医药制造业，铁路、船舶、航空航天和其他运输设备，计算机、通信和其他电子设备制造业，仪器仪表制造业四个行业的数据。

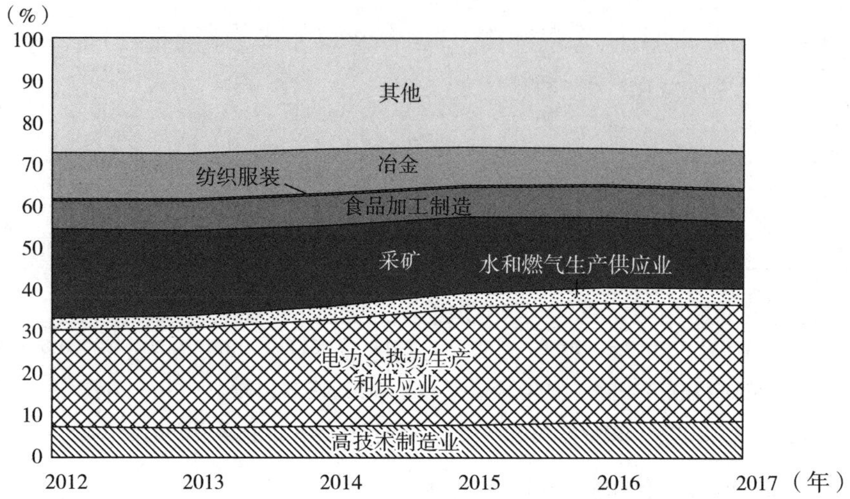

图3-12　2012—2017年工业各细分行业国有控股工业企业净资产比例

资料来源：国家统计局。

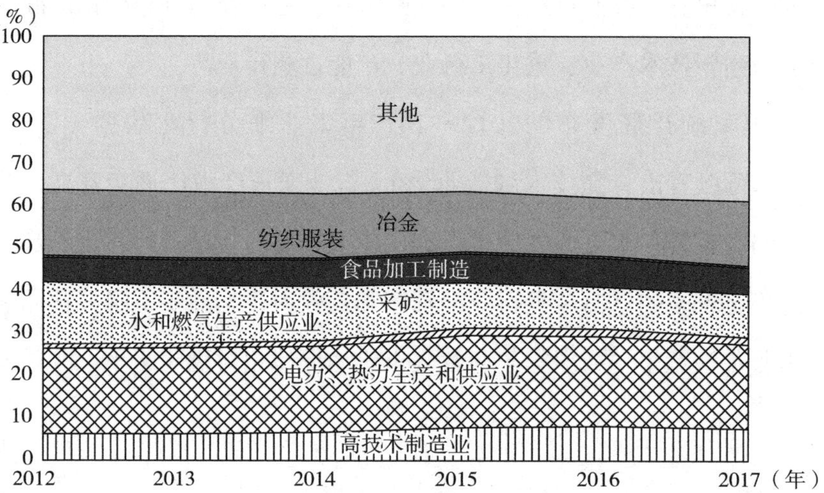

图3-13　2012—2017年工业各细分行业国有控股企业营业收入比例

资料来源：国家统计局。

综合上述数据统计结果，可以看出21世纪以来，特别是党的十八大以来，我国国有经济的行业布局持续优化，调整态势比较明显；国有资本逐步从一般竞争性领域退出，逐步向高技术制造业等战略性新兴产业、石油石化等基础能源领域、社会服务等民生领域集中。

（二）区域布局：缩小区域发展差距、促进区域均衡发展

促进国内区域均衡协调发展，也是国有经济肩负的重要使命之一。经过多年的持续努力，国有经济在区域布局方面，也得到调整、有所优化，并通过自身的调整，发挥了缩小区域发展差距、促进区域均衡发展的积极作用，同时也促进了自身的区域布局优化和结构调整。

1.国内分布变化：与区域经济增长态势基本一致

从国内六大区域[①]国有资产分布看，图3-14、图3-15、图3-16分别展现了六大区域国资总额、国企营收和国企利润占比变化，可以看出以下几点。

一是华东区域国资总额、营收和利润均占比最高且保持平稳，国资总额、营收占比稳定在40%左右，利润稳定在50%左右。

二是华北区域国资总额、利润占比均持续下降，营收占比在2005—2013年间有所上升。

三是西南区域国资总额、营收和利润占比均持续上升，国资总额占比上升更快。

四是中南区域、西北区域均保持平稳。

五是东北区域国资总额保持较为平稳的态势，营收持续下降，利润基本平稳，但出现过负贡献的情况。

图3-14至图3-16反映出的现象，与我国东部沿海相对发达、东北老工业

---

① 按照我国区域分类标准，华北区域包含京津冀晋蒙五省区，东北区域包含黑吉辽三省区，华东区域包含沪苏浙皖闽赣鲁七省区，中南区域包含豫鄂湘粤桂琼六省区，西南区域包含渝川贵滇藏五省区，西北区域包含陕甘宁青新五省区。

面临转型、西南区域增长迅速的总体趋势是一致的。

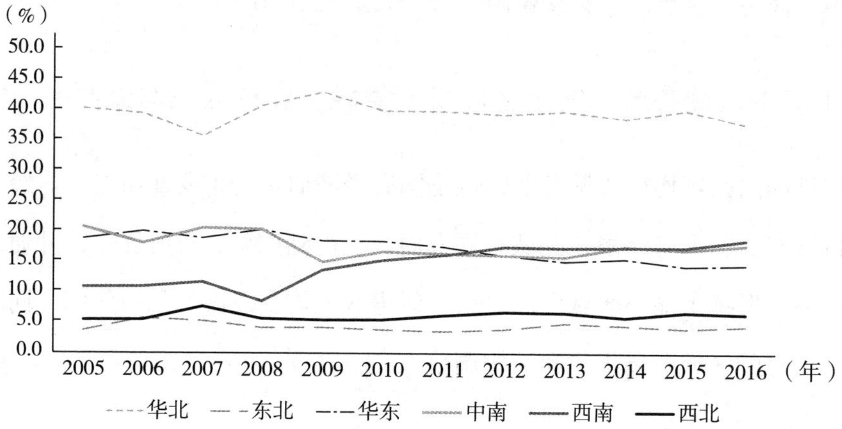

图3-14　2005—2016年六大区域国有资产总额比例变化

资料来源：财政部，Wind。

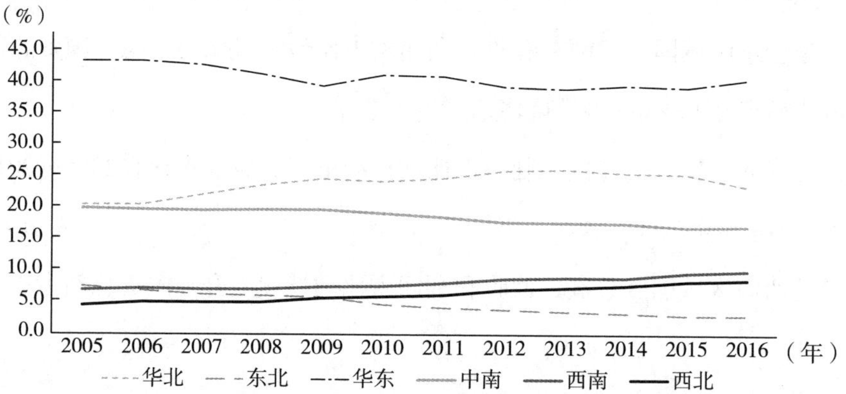

图3-15　2005—2016年六大区域国有企业营业收入比例变化

资料来源：财政部，Wind。

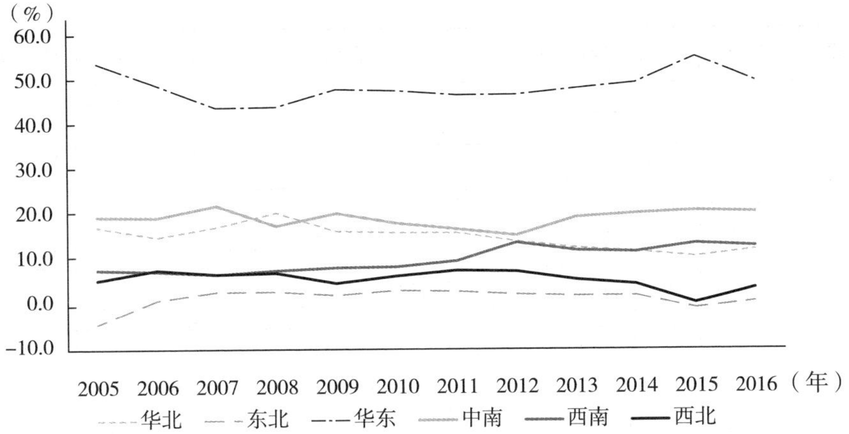

图3-16　2005—2016年六大区域国有企业营业利润比例变化

资料来源：财政部，Wind。

表3-1展示了2005—2016年各省份国有资产总额、国企营业收入和国企利润总额占比变化趋势，可以看出：在华北区域，北京是国企营业收入和国企营业利润唯一的增长动力，内蒙古国有资产总额有所上升；东北三省份与区域整体表现走势一致；华东七省份与区域整体表现走势一致；在中南区域，广东、河南两个体量最大的省份均表现出下行走势，而其他区域均为上升；西南区域则呈现全线上升态势；西北五省份国企营业收入有所上涨，国有资产总额和国企营业利润保持基本平稳。

表3-1　2005—2016年各省份国有资产总额、国企营业收入、国企利润总额变化趋势

区域	省份	国有资产总额	国企营业收入	国企利润总额
华北	北京		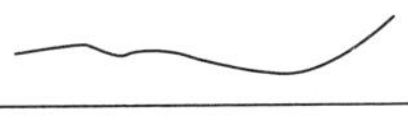	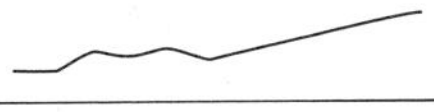
	天津	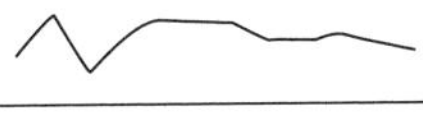		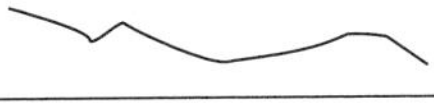
	河北	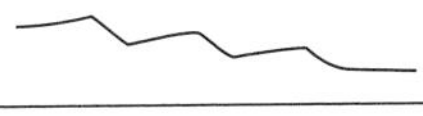		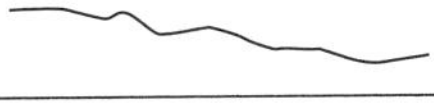
	山西	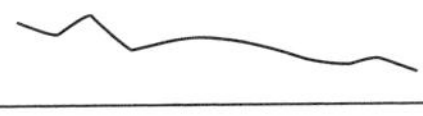	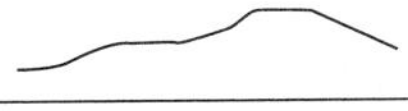	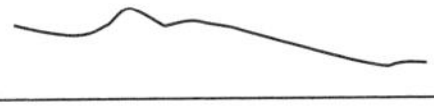
	内蒙古		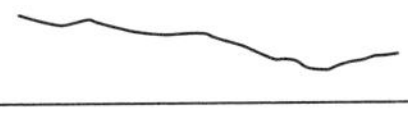	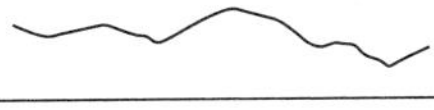

续表

区域	省份	国有资产总额	国企营业收入	国企利润总额
东北	辽宁			
	吉林			
	黑龙江			
华东	上海			
	江苏			
	浙江			
	安徽			
	福建			
	江西			
	山东			
中南	河南			
	湖北			
	湖南			
	广东			
	广西			
	海南			
西南	重庆			
	四川			
	贵州			

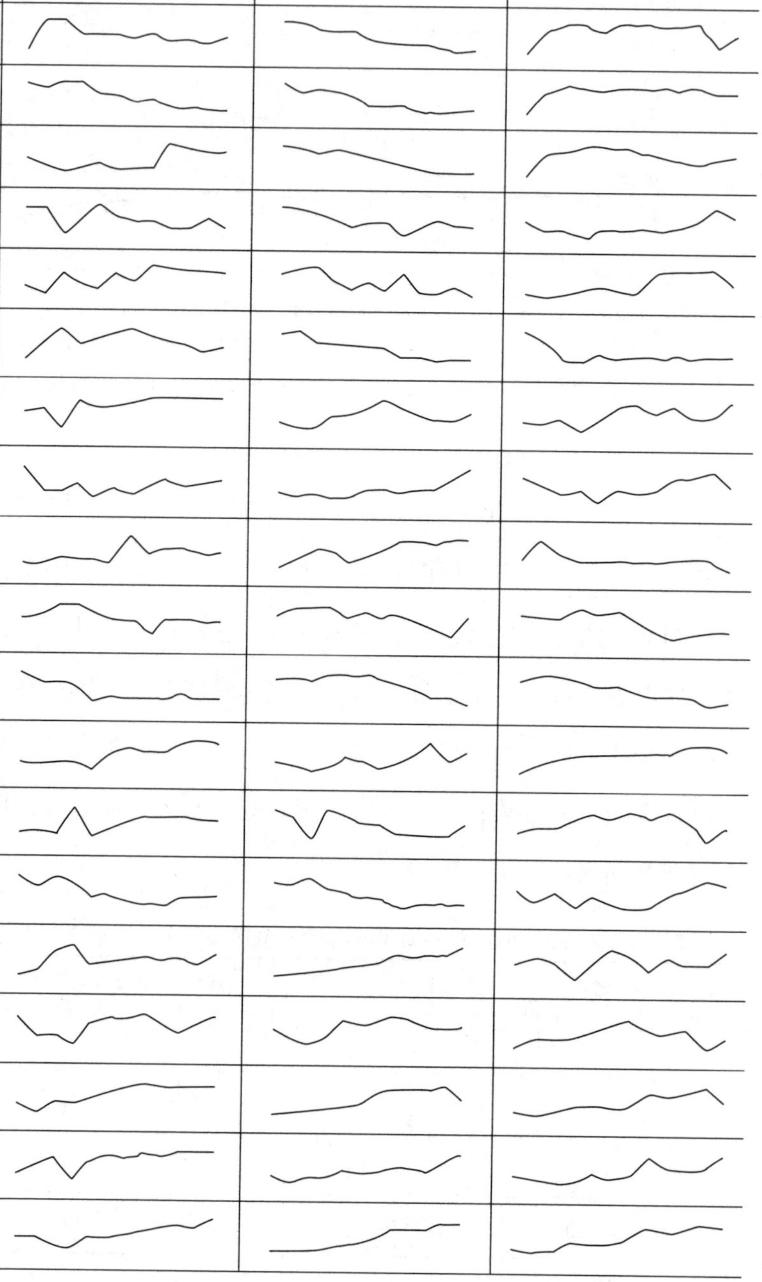

续表

区域	省份	国有资产总额	国企营业收入	国企利润总额
西南	云南			
	西藏	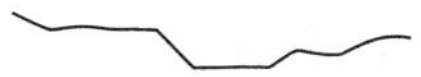		
西北	陕西			
	甘肃			
	青海			
	宁夏			
	新疆			

注：由于数据可获得性问题，我们只找到了各省份国有企业户数，所以未能具体描述重点省份主要行业国有资本结构和布局情况。

资料来源：财政部，Wind。

2.国际分布变化：国有企业“走出去”步伐加快，“一带一路”成为近期投资重点

从国际分布看，我国国有企业“走出去”步伐不断加快，国有资本全球配置逐步深化，成为服务国家经济崛起、提升国家经济国际竞争力、扩大国家影响力和维护国家经济利益的重要途径。

（1）21世纪以来国有企业国际化的主要历程。[①]2001年中共十五届五中全会正式明确提出实施“走出去”战略，是中国鼓励性对外投资政策形成的标志。同年中国正式加入WTO，中国企业经营面临重大制度改变和市场环境变迁，企业面临的竞争环境发生了根本性的变化，这也直接促进了我国企业“走出去”。

① 刘建丽：“国有企业国际化40年：发展历程及其制度逻辑”，《经济与管理研究》，2018年第010期。

2001—2007年是中国企业对外投资第一次加速期，也是国有企业海外布局的突破期。七年间中国非金融类对外直接投资的年均增速高达47%。仅2006年，国有企业就完成了数宗集中在能源领域的大额并购交易，如中国石油化工集团有限公司（简称中石化）对俄罗斯乌德穆尔特石油公司96.86%股份的收购，总交易额为35亿美元；中国石油天然气集团有限公司（简称中石油）以41.8亿美元成功收购哈萨克斯坦PK石油公司。这一时期，国有企业对外投资已从过去以贸易窗口为主，逐步拓宽到工业制造、建筑工程、能源开采、基础设施建设、通信工程、商业服务、农业等行业领域。

2008年国际金融危机，使世界各国经济受到了不同程度的冲击，大量企业陷入资金困境。我国国有企业依靠融资优势，获得了一些在海外逆势抄底的机会，投资逆势发展，2007—2016年以年均28%的增速持续大幅增长，在2010年、2014年和2016年屡创新高。联合国贸易和发展会议统计，2016年全球对外直接投资流量下降了13%，而中国非金融对外直接投资规模达到1701.7亿美元，增长44.2%，占全球投资总额的11%左右；其中，国有企业贡献了当年对外投资流量的72%。

2017年以来，中国企业包括国有企业的跨国经营从追求投资规模转向投资质量和经营效益，投资由粗放型向质量效益型转变，并越来越重视依法合规经营。2017年，中国对外直接投资流量1200.8亿美元，同比减少29.4%，这主要源于两方面因素：一方面，在防范金融风险背景下，监管机构在推动对外投资便利化的同时，加强了对外投资的真实性、合规性审查，挤出了大部分的非理性投资和虚假投资；另一方面，一些发达国家以“国家安全”为由继续加强对能源和高技术领域并购的审查，抑制了我国的一部分正常的海外投资。

在新时代背景下，“一带一路”倡议给中国企业包括国有企业开辟了对外投资的新的发展空间。根据商务部统计，2017年，中国企业对“一带一路”沿线国家和地区实施并购62起，投资额88亿美元，同比增长32.5%。其中，中国石油天然气集团有限公司和中国华信能源有限公司投资28亿美元联合收购阿联酋阿布扎比石油公司12%股权为其中最大项目。

（2）国有企业国际化过程中的布局与结构。国有企业“走出去”的第一个层次是市场导向的产品和服务输出，主要集中在能源、基础设施、交运设备等领域。如中国交建、国家电网等央企在21世纪初，在全球范围特别是第三世界国家开展业务布局，输出基础设施建设、电力服务等。这一模式在我国提出“一带一路”倡议后进入新发展阶段。

第二个层次是对重要资源的并购与整合。如2016年中国中化集团有限公司（以下简称中化集团）旗下中化国际（控股）股份有限公司（以下简称中化国际）收购位于新加坡的全球第五大天然橡胶企业Halcyon公司，打造全球最大的天然橡胶产业平台。

第三个层次是针对国际先进技术和创新能力的并购与整合。如中化集团2017年以430亿美元并购全球第一大农药、第三大种子巨头先正达，以提高中国化工农化领域的技术创新能力。

（三）集中度分布：国有资本向大型企业集中

从集中度上看，简单看企业规模，从图3-17可以看出，2014年各类国有企业数量均有所减少，此后总体来看，各类国有企业数量均持续增长。从国有资产总量来看，2014年以来大型企业国资总量不断提升，中小微型国有企业资产总量基本稳定。由此可见，在国有经济内部，企业集中度不断提升，国有资本向大型企业集中的趋势比较明显。

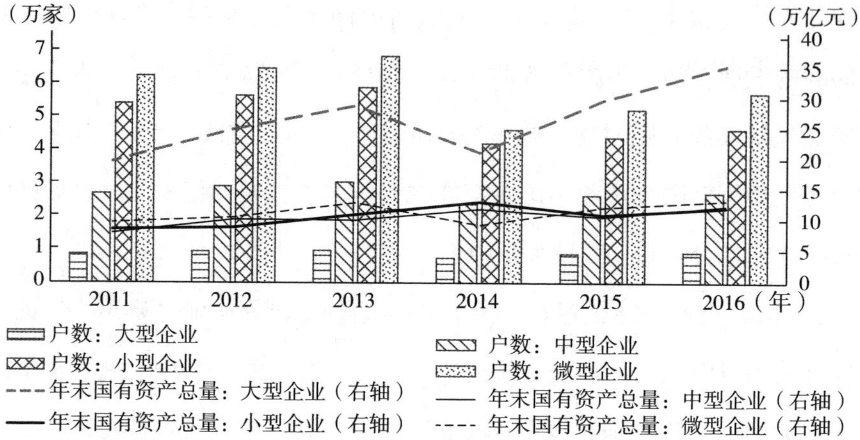

图3-17　2011—2016年国有企业规模变化

资料来源：国务院国资委。

具体到三大产业来看，图3–18显示2003年以来三大产业国有企业户数趋势可以分为四个阶段：第一阶段为2003—2008年，基本均呈现持续下降趋势，三大产业的行业集中度逐步提高；第二阶段为2009—2013年，三大产业国有企业数量均呈上升趋势，尤以第三产业国有企业数量上升最快最多，第一产业国有企业数量基本保持平稳，略有上升；第三阶段是2014年，各产业国有企业数量

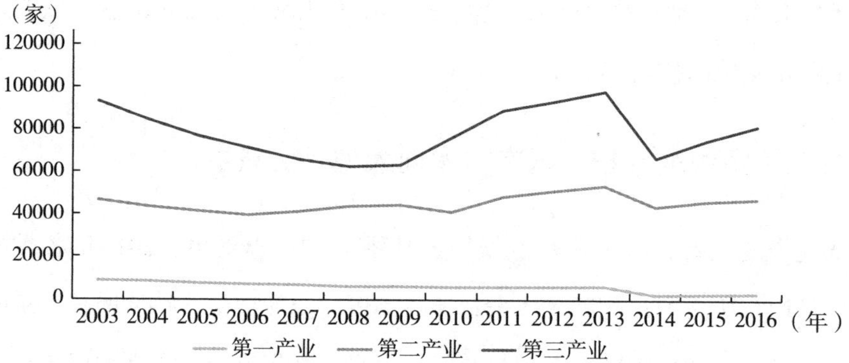

图3-18　2003—2016年三大产业国有企业数量变化

资料来源：国务院国资委。

均明显下降，主要是2013年末中共十八届三中全会召开后，国务院国资委在2014年重点推动中央和地方层面的国有企业兼并重组，国企数量下降；第四阶段是2015年及以后，各产业国有企业数量再次进入上升周期，特别是第三产业企业数量增加明显。

进一步考察第二产业各细分行业的国有企业数量变化情况，从图3-19可以看出，工业各细分行业中，煤炭、冶金、石油化工等行业国有企业数量均在2006—2009年间有较大幅度的增加，2010年迅速下降，此后基本保持平稳略有增加；化学工业、电子工业基本保持平稳；电力等公益性行业，整体呈增加趋势，仅在2014年有所减少。

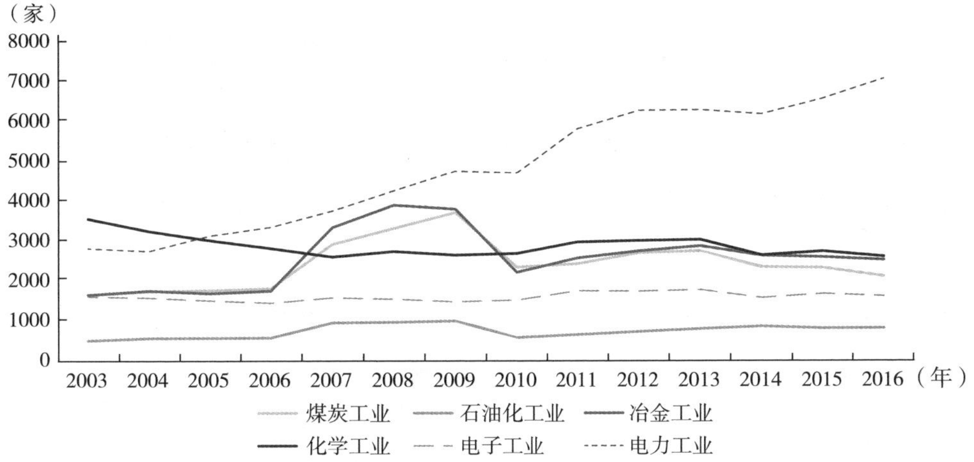

图3-19　2003—2016年工业各细分行业国有企业数量变化

资料来源：国务院国资委。

进一步考察第三产业各细分行业的国有企业数量变化情况，从图3-20可以看出，批发和零售、餐饮业国有企业数量减少；信息技术服务业、金融业呈增加趋势；社会服务业、科学研究和技术服务业在2014年大幅下降后，平稳上升；房地产业呈增加趋势。

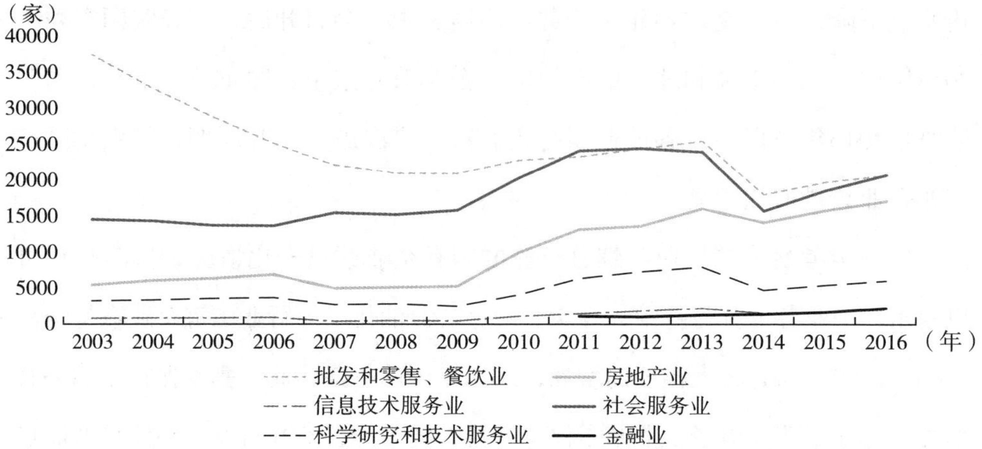

图3-20　2003—2016年工业各细分行业国有企业数量变化

资料来源：国务院国资委。

（四）以“管资本”为主的国有资产监管架构初步形成

以“管资本”为主加强国有资产监管是新时代国企改革的工作主线之一，通过从“管企业”“管资产”向“管资本”转变，促进国有企业更好地与市场经济相融合，使国有资本更多向关系国家安全、国民经济命脉的重要行业和关键领域集中。通过国资监管机构职能转变，国有资本投资、运营公司试点，国有资本授权经营等一系列改革，我国已初步形成了以“管资本”为主的国有资产监管架构。

1.国资监管机构正在按照“管资本为主”要求，转变职能、转换监管方式

国务院国资委通过健全监管制度体系、改进监管方式、加大重点环节监管力度、强化海外资产监管等，形成了全覆盖、有重点、有罚则的国有资产监管格局。通过提升人员配置、调整组织机构、优化监管职能、转变管理方式，更加聚焦管好资本布局、规范资本运作、提高资本回报、维护资本安全等重点工

作。大力推进简政放权，在分批取消或下放出资人审批事项的基础上，制定了授权放权清单，对不同类型企业开展分类授权放权。

2.以国有资本投资、运营公司为核心的国有资本授权经营体制改革已全面展开试点，积累了较为丰富的经验

自2014年开展国有资本投资、运营公司试点以来，截至2020年8月末全国共改组组建160多家国有资本投资、运营公司，其中中央层面21家、省级层面全面铺开，广泛地试体制、试机制、试模式。在总结试点经验的基础上，国家出台了《关于推进国有资本投资、运营公司改革试点的实施意见》和《改革国有资本授权经营体制方案》，明确了国有资本投资、运营公司的功能定位，厘清了出资人代表机构对国有资本投资、运营公司的授权形式和授权内容，规范了国有资本投资、运营公司的治理、运作及监督与约束机制。现在，国有资本投资、运营公司开展实质性工作已经具备了政策基础，可以进一步发挥其“两主体一通道”（资本持股主体、运作主体及进退通道）在资本流动、产业引领、区域布局等方面的作用，更积极地促进国有经济的布局优化和结构调整。

3.国有资本动态调整机制基本确立

国有资本动态调整机制以规范国有资本收益分配管理规则为基础，以国有资本有序进退机制为核心，以国有资本投资、运营公司为纽带，以建立容错纠错机制为保障，与国家政策和战略重点紧密结合。其重点工作有7项。

（1）按照分类分层改革的要求，国有资本布局优化调整在企业和平台两个层面同时推进。企业层面，通过调整完善对国企及其负责人的考核评价，加强科技创新引导和对标世界一流企业，推动国有企业主动向创新领域、关键领域更多布局。在平台层面，以国有资本投资、运营公司为平台的国有资本布局

优化、结构调整机制正在逐步形成和完善。同时，根据分类改革的思路，针对商业类和公益类国有企业的不同战略定位和发展目标，研究制定差异化的国有资本动态调整机制，实施更加精准有效的分类监管。

（2）完善国有资本的市场交易和有序进退机制。创新国有资产配置方式，支持企业依法合规通过证券交易、产权交易等市场化机制，以市场公允价格处置国有资产，实现国有资本形态转换；规范经营性国有资产处置，重大资产转让依托统一的公共资源交易平台公开进行，重大经营性国有资产的出租、出借，要引入市场机制，做到公开公正透明。

（3）突出资本流动属性，以国有资本保值增值为核心，以提高国有资本流动性为目标，强化国有资本的形态管理。建立健全有利于国有资本实体形态与价值形态互相转换的有效机制，推动经营性国有资产证券化，健全国有资本市场化退出机制，加快处置低效无效资产。

（4）规范国有资产动态调整的收益分配机制，建立覆盖全部国有企业、分级管理的国有资本经营预算管理制度。

（5）充分发挥国有资本投资、运营公司的平台作用，国有资本投资、运营公司致力于成为战略性新兴产业转型升级的“引导者”和具备综合金融功能的“服务商”，通过进场交易、兼并重组等方式，实现低效、无效资产稳妥有序退出；通过开展投资融资、产业培育、资本整合，推动产业集聚和转型升级，优化国有资本布局结构；通过股权运作、价值管理，促进国有资本有序进退、合理流动，实现保值增值。

（6）围绕国家战略重点开展国有资本的动态调整。围绕中央企业科技创新方向和重点任务，发挥国有资本在新兴产业培育、知识产权保护、企业品牌建设等方面的引领作用。同时，与供给侧结构性改革相结合，清理退出一批、重组整合一批、创新发展一批国有企业，建立健全优胜劣汰市场化退出机制，加快淘汰落后产能和化解过剩产能，处置低效无效资产。推动国有企业加快技术创新、管理创新和商业模式创新，提升国有资本效能。

（7）建立和完善国有资本动态调整的容错纠错机制。明确国有资本动态调整过程中容错纠错的原则，制定权责清单和负面清单，细化容错情形，明确免责措施；建立健全申诉救济机制和专业评判制度以落实"三个区分开来"原则，形成正面激励和负面惩罚双管齐下的制度合力，为创新型的改革探索解除后顾之忧。

（五）中央企业战略性重组取得明显进展

我国国企兼并重组始自计划经济时期的行政性关停并转。2003年设立国资委后，国企兼并重组进入快车道。党的十八大之后，国企兼并重组持续深入推进，积累了丰富经验、获得了积极成效。主要是持续推进企业间的战略性重组，提升企业竞争力和产业集中度，通过强强联合、产业链上下游整合、合并同类项等重组方式，国有经济不断向基础设施、关键产业和优势企业集中。

新一轮国企兼并重组促进了国有经济布局优化、结构调整，主要表现为：促进了产业结构转型升级，国有资本布局明显调整、运营效率提升；推动了化解过剩产能，减少了恶性竞争和重复建设；一些央企通过强强联合或专业化整合，国有企业的国际竞争力得到增强，国有企业运行质量和效率、发展活力和动力不断提升。

当然，国企兼并重组也存在一些亟待解决的问题。无论是国际经验还是我国企业实践，均表明企业并购局限性强、成效不显著、负面效应明显等问题普遍存在。推进国企兼并重组，对这一点必须予以足够重视，尽量避免。我们将在下一篇重点讨论这些问题。

二、国有经济布局优化和结构调整的基本经验

梳理我国国有经济布局优化、结构调整的发展历程与改革成果，可以发现，国家战略是国有经济布局优化与结构调整的根本目标和方向导引，而“行政推动”和“市场机制”是国有经济布局优化与结构调整的两种重要动力。

（一）服务国家战略是国有经济布局优化和结构调整的根本目标

国有经济在我国国民经济中发挥着重要的主导作用，国有企业作为国家参与经济发展的重要载体，承担着落实国家战略、服务经济社会发展、提升国家经济国际竞争力等使命。因此，国家战略是指导国有经济布局优化和结构调整的“指挥棒”。从国有经济布局优化和结构调整三个历史阶段的政策路径来看，在各个时期，国家发展战略都是制定相关政策的根本指引。服务国家战略，是国有经济布局优化、结构调整的工作重点和根本目标。

以中央企业的重组整合为例，作为国家影响经济社会发展的重要抓手，“服务国家战略”是中央企业重组整合必须坚持的基本原则。中央企业大多处于关系国家战略的重要行业，且体量大、实力强、层级多、资产结构复杂，通常都由国务院从国家战略大局、提升国有资本运行效率等角度出发考虑兼并重组问题；同时，中央企业是中央政府在关系国家安全和国民经济命脉的主要行业和关键领域落实国家战略意志的重要抓手，服务国家战略是其重要责任。中央企业结构调整与重组，固然要促进“做强做优做大国有资本”，但更要服务国家发展目标、落实国家发展战略，贯彻国家创新政策、竞争政策和产业政策。

因此，国有企业（尤其是大型国企、央企）战略性重组，必须做到目标上服务国家战略和手段上尊重市场规律的平衡。服务国家战略是国有企业特别是

中央企业的重要职责，在作出并购重组决策时必须坚持服务国家战略这一基本原则。同时，必须尊重市场规律与企业意愿，以市场化机制促进功能作用有效发挥、整体结构趋向合理，提高国有资本配置效率、提升国有经济发展质量。

（二）行政推动是引导国有经济布局优化与结构调整的主要动力

国有经济布局优化和结构调整涉及大量市场主体、众多从业人员、多方监管机构，牵涉到政治、经济、社会等方面，影响因素众多。单纯依靠市场化手段实现国有经济的充分流动和高效调整，在当前阶段还不现实。而且，由于传统体制的运行惯性以及快速实现政策目标等考虑，行政主导仍然是推动国有经济布局优化与结构调整的主要动力。

以其中重要的主导机构之一为例，2003年成立的国务院国资委在推动中央企业重组整合方面发挥了重要作用、取得了明显成效。2014年中央政府专门设立了国务院国有企业改革领导小组（简称国企改革领导小组），更是发挥了决策、指导、协调等关键性作用①。

过去国有经济布局优化和结构调整三个阶段的经验表明，对于重大的国有经济布局调整，行政推动始终是重要的动力源。依靠行政手段，提升了国有企业执行国家战略意图的效率和力度，较好地履行了国有企业作为政府与市场的“界面”及政府参与经济建设载体的职能。当然，“行政主导”有时也难免会带来忽视企业意愿、后续实质性整合困难等问题。

（三）市场化手段是国有经济布局优化与结构调整的重要保障

尽管行政推动是国有经济进行重大调整的主要动力，但在操作中，特别是

---

① 领导小组由分管国企改革的副总理任组长，其人员构成涉及国资委、发展改革委、工业和信息化部、财政部、人社部、人民银行、证监会等部门，主要职责是统筹研究和协调解决改革中的重大问题和难点问题。近年来重大的央企重组整合都需报国企改革领导小组批准。

党的十八大以后，越来越多的企业重组整合依托市场化手段开展，提升了国企兼并、重组、整合的公平、效率和质量。

例如宝钢与武钢的合并，在明确了国家战略要求后，直接通过在资本市场上换股吸收合并方式完成：在集团层面，宝钢集团更名为中国宝武钢铁集团有限公司（简称宝武钢铁），作为重组后的母公司，武钢集团整体无偿划入，成为其全资子公司；在上市公司层面，宝钢集团旗下宝钢股份以0.56∶1的比例换股合并武钢股份。类似的还有南北车合并案例，是上市公司先行、集团公司跟进的方式，先由市值较高的上市公司“中国南车”以1.1∶1的比例向“中国北车”全体股东分别发行A股和H股股票，合并后采用新的公司和股票代码。其后，中国南车集团公司和中国北车集团公司重组合并为中国中车集团公司。

因此，基于国家战略作出相应决策，但在实际操作中则注重发挥市场配置资源的决定性作用，是国有经济布局优化和结构调整过程中提升效率、减少阻力、防控风险的重要手段，也更好地促进了“两只手”的配合。

（四）国有经济布局优化、结构调整与全面深化改革相结合以实现多元化目标

党的十八大以来，国有企业进入全面深化改革阶段，明确了以“管资本”为主优化国有资本监管模式，国有经济布局优化、结构调整与国资管理体制改革、发展混合所有制经济、供给侧结构性改革等多项改革相结合，重点是通过国有企业的战略性重组和专业化整合，推动国有资本布局优化和结构调整。

一是国企兼并重组与供给侧结构性改革相结合。落后过剩产能行业的国企重组，其主要动力之一是供给侧结构性改革。这种重组以结构调整为主，围绕去产能、去库存等工作重点推进。宝钢与武钢的合并、中国建筑材料与中材集团合并为中国建材等，都是在供给侧结构性改革助推下实现的央企兼并重组。

二是通过国企兼并重组，重点优化装备制造、煤炭、电力、通信、化工、钢铁、海工装备、环保等领域国有资本布局和结构调整。在具体操作上，主要包括五种典型操作模式：一是横向强强联合，打造大型企业集团，从而减少同质化竞争，典型案例如宝钢与武钢合并为宝武钢铁。二是纵向业务协同，以产业链为基础，对上中下游进行整合，从而加快要素流动效率、降低交易成本，典型案例如中国电力投资集团公司（简称中电投）与国家核电技术公司（简称国家核电）两家公司合并重组。三是共享竞合模式，通过剥离基础设施、将原本服务于某一家企业的基础设施为全行业提供服务，从而减少重复建设，典型案例如中国铁塔的成立。四是基于国有资本投资、运营公司，开展国有资本重组与整合的具体运作。五是“走出去”的开展海外经营和并购，实现国有资本的全球配置，提升我国国有企业的世界影响力。

国有企业的兼并重组，较好地支持了经济布局与产业结构优化，实现国有资本“有进有出”、优化产业布局。以钢铁行业为例，钢铁行业前十名企业产量占比从2010年的48.6%下滑至2015年的34.2%，2016年因宝钢、武钢合并，产业集中度首次回升，2017年进一步回升，前四名企业（中国宝武钢铁集团有限公司、河钢集团有限公司、江苏沙钢集团有限公司、鞍钢集团有限公司）产量占比为21.9%，前十名企业产量占比为36.9%，推动了行业集中度的提升。国有企业的兼并重组，还促进了化解过剩产能，减少了恶性竞争和重复建设，较好地配合了供给侧结构性改革，实现了强强联合或专业化整合，提升在国际市场上的话语权和竞争力。神华、国电合并后成立的国家能源投资集团，在煤炭产销量、发电装机总容量、煤制油化工产量等领域居全球第一，成为具有较强竞争力的综合性能源集团。

三是通过国有资本投资、运营公司，与完善国资管理制度、改革国有资本监管体制、完善国有资本动态调整机制等相结合，提升国有资本流动性和运营效率。通过国有资本投资、运营公司优化国有资本布局，有序退出低效低质领域，精干主业；通过资本市场、利用投资基金等方式，发挥国有资本在关键领域的引领和撬动作用，提高国有资本流动性，促进国有资产保值增值。

2018年国务院发布《关于推进国有资本投资、运营公司改革试点的实施意见》，明确了“两类公司”的功能定位、组建方式、授权机制、治理结构、运行模式和监管约束机制等方面的内容，从中央层面正式对“两类公司”的职能定位进行了界定。在中央层面，两批21家央企成为国有资本投资、运营公司试点企业。在地方层面，截至2019年8月，全国省级国资委改组组建了142家国有资本投资、运营公司。

“两类公司”的重要职能之一是优化产业布局、提高国有资本的配置效率，通过试点在聚焦主业的基础上推动企业主动有进有退；同时要积极培育战略性新兴产业，坚决从低效低质的产业逐步退出。“两类公司”开展国有资本投资和运营的主要方式包括国有资产资本化、国有资本证券化，典型模式是设立各类基金，以国有资本基金化来开展国有经济结构调整和新兴产业培育。

四是以“一带一路”倡议等为推手，力促优势企业之间的重组，目的是做大做强，增强企业的全球竞争力。中国对外的两张名片——高铁和核电，高铁已通过南北车的合并，比较好地避免了“走出去”过程中的恶性竞争，促进了中国企业全球竞争力的巩固与提升；在核电方面，中国核建整体并入中核集团，也有利于整合核电全产业链，提升中国核工业在全世界的竞争力和影响力。

（五）“抓大放小”促进国有经济战略性调整

“三年脱困”阶段，国有经济布局结构调整在思路上明确提出国企改革要“从战略上调整国有经济布局”。具体操作上，主要采用“抓大放小”的方式。

一是以资本为纽带，通过市场手段形成具有较强竞争力的跨地区、跨行业、跨所有制和跨国经营的大企业集团。国家着重选取在国民经济中具有重要影响的520户国家重点企业，推动战略性重组，提高产业集中度，提升企业竞争力。

二是采取改组、联合、兼并、租赁、承包经营和股份合作、出售等形式，加快放开搞活国有小型企业的步伐，推动一些早已失去竞争能力的企业退出市场。1996—1998年三年间全国共计批准下达企业兼并破产项目1718个，国有企业从11.38万家下降至6.5万家。

这一阶段，对纺织行业的结构调整和优化是典型案例：在行政手段的推动下，纺织行业分批次完成了深化改革、调整结构、解困扭亏的“三年脱困”目标：1998年东部沿海地区基本完成压缩淘汰落后棉纺锭480万锭、分流安置下岗职工60万人、减少亏损30亿元的任务；1999年其他地区基本完成压缩淘汰落后棉纺锭520万锭的任务；2000年全面完成压缩淘汰落后棉纺锭、分流安置下岗职工的任务，落后产能实现快速出清，全行业基本摆脱困境。

这一阶段的国有经济调整，是在国有经济面临严重困境的情况下一种被迫而为的应对措施，不得不主要通过行政手段，由中央和地方自上而下推动。主要举措是针对重点行业、重点企业开展行政层面的兼并重组和改组改造，在特定阶段较为高效地完成了“三年脱困”的任务，但也造成了短期内大量职工下岗等问题和一些负面效应。

这一阶段积累的丰富经验教训，为当前阶段推进供给侧结构性改革与深化国企改革提供了宝贵借鉴，尤其是使得新一轮国企战略性重组和发展混合所有制经济，更注重稳妥推进和“无情调整、有情操作”，重视解决国有企业历史遗留问题、分流人员安置和社会稳定等问题。

（六）针对重点领域推动国有企业兼并重组

国务院国资委成立后，聚焦装备制造、煤炭、电力、通信、化工、钢铁、海工装备、环保等重点领域，通过强强联合、优势企业兼并劣势企业、科研院所并入产业集团、非主业资产剥离等四种主要操作模式，推动中央层面的国有经济布局结构调整和优化。

在地方层面，基于安全生产、资源和环境保护以及可持续发展等考虑，地方上主要针对本地的资源或基础产业，推进了国企之间甚至是国企与民企之间的兼并重组，典型案例是山东与河北等省区市的钢铁国企重组、河南与山西等省区市的煤炭国企重组。这些针对重点领域的行业性、区域性的结构调整和兼并重组取得了一定成果，但也存在一些负面影响，引发了市场热议，如行政力量干预过多、市场对资源配置的决定性作用未能有效发挥，兼并重组过程前后的产权保护、兼并重组对民营资本意愿尊重不够、补偿措施不到位等问题。

但也需要注意，国企兼并重组过程中也存在一些问题，如行政干预过度、忽视市场规律、重规模轻效率、重重组轻整合、“逆市场化”等。

综上可以看出，在我国战略性调整国有经济布局过程中，克服了“国退民进、国进民退”争议，初步形成“国民共进、协调发展”的共识。经过多年持续努力，国有资本持续向基础行业和关键领域集中；国有企业逐渐退出一般竞争性领域，聚焦主责主业发展；混合所有制企业成为国有企业的主要形式和国有企业中最有活力的部分。更重要的是，形成了国有经济布局和结构调整的机制，并在实践中逐步得到完善。整体来看，通过有目标、有规划的布局优化和结构调整，国有经济实现了从主体地位到发挥主导作用的转变，促进了形成多种所有制经济共同发展的格局。

三、国有经济布局优化和结构调整仍有完善空间

尽管国有经济布局优化和结构调整在国家战略的推动下不断深化，但在改

革发展过程中依然存在一些不足和问题，部分领域国有经济布局优化和结构调整的成效不尽如人意，有待进一步完善和提升。

（一）国有经济服务国计民生能力与整体国际竞争力有待进一步提升

由于国有经济布局仍然过于宽泛，还有大量国有资本沉淀在非关键领域，导致国有资本布局战略性新兴产业和关键领域不够；在参与国际竞争的重点领域以及在服务国计民生的公益性领域，国有资本还有提升空间。

在涉及国际竞争的领域，特别是在节能环保、新兴信息、生物、新能源、新能源汽车、高端装备制造和新材料等新兴领域，国有资本布局仍显不足，资本集中度低，引领产业发展能力较为有限，面临国际竞争时存在竞争力不足等问题。在部分领域，由于存在多个国有主体，在参与国际竞争中由于缺乏有效协调，反而可能存在内部竞争、相互压价的问题。例如在南北车合并前高铁列车出口时出现相互压价，这一问题直到经过国有企业战略性重组整合后有所缓解。

在基础设施和公共服务等公益性行业，国有资本布局优化和结构调整力度较小、步伐较慢。从前述的数据分析中可以看出，水电燃气、社会服务等公益性行业，多年以来国有资本占比增长缓慢，部分年份还出现减少的情况。国有资本在公共服务和民生领域的投入有待加大，国有资本民生保障作用有待进一步发挥，服务能力有待进一步加强。

（二）国有资本布局还应更大范围地优化调整

党的十九大报告对国有资本布局优化调整提出了新的要求，要求做强做优做大国有资本。党的二十大报告强调，“推动国有资本和国有企业做强做优做大”。与此相比，国有资本布局优化调整还存在较大差距。首先，国有资本在创新性、战略性领域的布局还远远不够，尤其在重要产业的核心技术、共性技术、关键零部件等“卡脖子”环节，迫切需要国有资本发挥引领和促进作用。其次，平台层面的存量国有资本调整机制还没有完全建立，仅有少数国有资本投资、运营公司发挥了国有资本流动的功能，大部分平台公司还处于探索之中，存量国有资产调整相对困难。再次，要完善绩效考核办法，强化容错纠错机制、平衡保值增值目标，以考核指挥棒引导企业层面的国有资本布局调整。最后，增量国有资本在以基金的形式还是以特殊法人国企等形式促进战略性领域发展，需要进一步平衡，不同领域、不同目标，可以有不同的实现形式。

国有资本在创新性、战略性、数字经济领域的布局远远不够，尤其在重要产业的核心技术、共性技术、关键零部件等“卡脖子”环节的作用没有切实发挥。

1.国有经济布局过宽，一些非关键领域国资占比依然较高

根据《关于深化国有企业改革的指导意见》（以下简称中央22号文）要求，国有企业深化改革要“紧紧围绕服务国家战略，落实国家产业政策和重点产业布局调整总体要求，优化国有资本重点投资方向和领域，推动国有资本向关系国家安全、国民经济命脉和国计民生的重要行业和关键领域、重点基础设施集中，向前瞻性战略性产业集中，向具有核心竞争力的优势企业集中”。但从前述统计数据分析中可以发现，尽管国有经济布局优化、结构调整的步伐一直没有停止，总体来看，国有经济布局依然过宽，基本涉及国民经济的各个行业，尚未能实现有效集中；此外，在一些并非事关国家安全、国民经济命脉和国计民生的重要领域，国有资本占比依然较高。

其中，房地产行业是典型代表。从行业所有制结构看，房地产行业中的国有资本、国有企业占比偏高并有扩大趋势；从国有经济内部结构看，房地产行业所占比重不断增大；从集中度看，房地产行业国有企业数量不断增加。从实

际案例看，2010年国务院国资委曾明确16家央企可以房地产为主业，一年后这一名单扩容至21家；尽管国务院国资委2010年就有“不以房地产为主业的中央企业加快重组，在完成自有土地开发和已实施项目后要退出房地产业务”的明确要求，直到2016年，仍有不少央企尚未完全退出房地产市场。

2.国有资本在竞争性领域大量分布并过多地集中于产能过剩行业，而在战略性新兴领域布局相对较少

当前国有经济布局仍然不够合理，除了国有企业结构不合理外[①]，还突出地表现为国有资本的行业布局结构不合理。

（1）国有企业和国有资本主要集中于竞争性领域且还在增加。从国有企业的户数行业分布来看，竞争性行业的国有企业占比在2003—2010年间呈下降趋势，在2010年后开始上升；垄断性行业的国有企业占比在2003—2012年间呈平稳上升态势，2012年后基本保持稳定；公益性及其他行业的国有企业占比在2003—2010年间呈上升趋势，2010年后开始下降。可见，这几年新增的国有企业主要分布于竞争性和垄断性行业（见图3-21）。

从国有资本的三大基本行业分布来看，垄断性行业占比显著下降，从2003年的49.44%下降到2014年的30.08%；公益性行业经历了一个先升后降然后趋于平稳的过程，在2010年占比达到高点17.05%，2017年稳定在13.63%左右；竞争性行业的国有资本分布增加明显，从2003年的39.51%上升到2014年的56.29%（见图3-22）。此外，无论是国有企业主营收入的行业分布和来源构成，还是国有企业的净利润来源构成，均主要来自竞争性行业。可见，国有资本不仅大量、广泛地分布于竞争性领域，而且无论是占比还是绝对量都还在显著增加。

① 具体表现为：截至2014年底，国有中小企业和地方国有企业（尤其是县市级国有企业）仍然较多，户数占比分别为94.55%和66.27%；非公司制企业和国有独资企业占比分别仍有13.88%和37.34%。

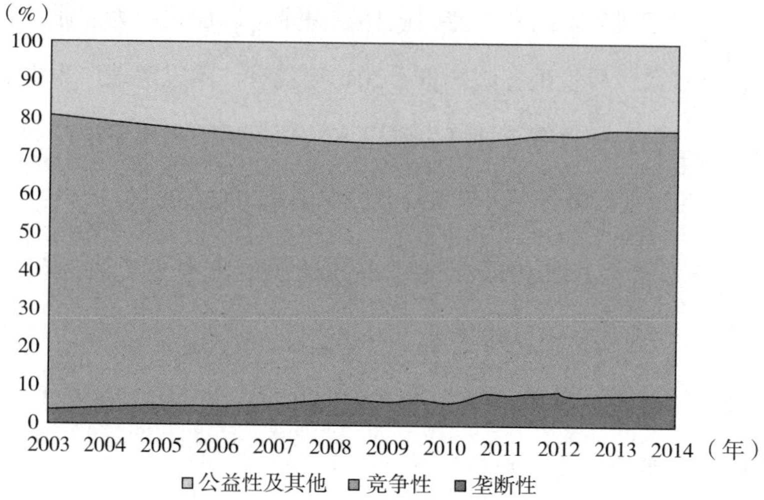

图3-21 国有企业户数的行业分布变化

资料来源：财政部。

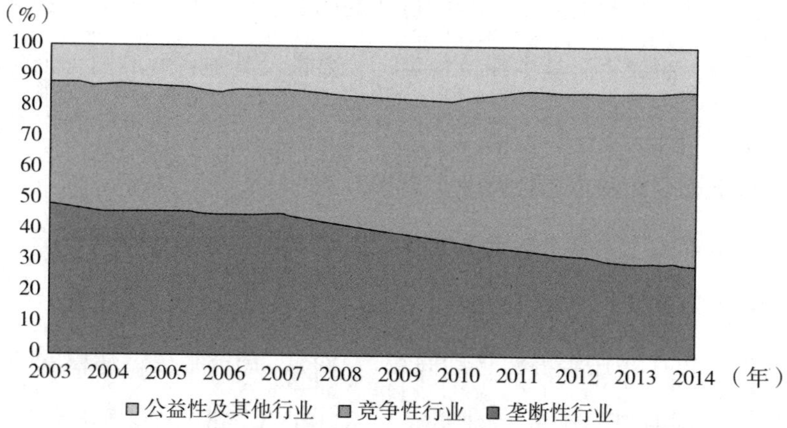

图3-22 国有资本的行业分布变化情况

资料来源：财政部。

进一步细分，可以发现国有资产及与其密切相关的企业户数、从业人员等，主要分布在工业、社会服务业、交通运输仓储业、房地产业和建筑业（见表3–2）。从国企分布最为集中的工业来看，国有资产主要分布在石油石化、电力、机械、冶金和市政公用工业等领域，其中以竞争性领域为主（见表3–3）。

表3-2　　2014年底全国国有企业行业分布表

按行业分类	户数	户数占比（%）	年末从业人员人数（万人）	从业人员占比（%）	年末合计国有资产总量（亿元）	国有资产总量占比（%）
（一）农林牧副渔业	6775	4.22	377.9	8.49	3371.3	1.00
（二）工业	42698	26.60	2169.2	48.74	112258.4	33.32
（三）建筑业	9679	6.03	405.8	9.12	19728.7	5.86
（四）地质勘查及水利业	1634	1.02	16.4	0.37	3493.6	1.04
（五）交通运输仓储业	16992	10.59	520.0	11.68	44303.8	13.15
（六）邮电通信业	1256	0.78	215.1	4.83	16802.6	4.99
（七）批发和零售业	24448	15.23	251.5	5.65	14387.1	4.27
（八）房地产业	14927	9.30	84.7	1.90	27232.4	8.08
（九）信息技术服务业	1759	1.10	19.8	0.44	776.5	0.23
（十）社会服务业	24165	15.05	206.2	4.63	81087.9	24.07
（十一）机关社团及其他	16182	10.08	183.8	4.13	13505.6	4.01
合计	160515	100.00	4450	100.00	336948	100.00

资料来源：根据财政部数据整理计算。

表3-3　　2014年底全国工业国有企业行业分布表

工业子行业分类	户数	户数占比（%）	年末从业人员人数（万人）	从业人员占比（%）	年末合计国有资产总量（亿元）	国有资产总量占比（%）
1.煤炭工业	2528	5.92	332.6	15.33	7760.7	6.91
2.石油和石化工业	836	1.96	214.0	9.87	28834.8	25.69
3.冶金工业	2795	6.55	208.7	9.62	9912.1	8.83
其中：钢铁工业	1021	2.39	128.8	5.94	7318.5	6.52
4.建材工业	2928	6.86	64.4	2.97	1437.4	1.28
5.化学工业	3117	7.30	114.2	5.26	3309.0	2.95
6.森林工业	169	0.40	2.0	0.09	–14.3	–0.01
7.食品工业	2021	4.73	36.2	1.67	600.6	0.54
8.烟草工业	161	0.38	22.4	1.03	6409.9	5.71
9.纺织工业	509	1.19	20.4	0.94	302.2	0.27
10.医药工业	841	1.97	30.7	1.42	777.1	0.69
11.机械工业	7654	17.93	299.8	13.82	11208.5	9.98
其中：汽车工业	1334	3.12	103.7	4.78	4963.1	4.42
12.军工工业	1106	2.59	70.1	3.23	4690.0	4.18
13.电子工业	1844	4.32	65.1	3.00	2146.8	1.91

续表

工业子行业分类	户数	户数占比（%）	年末从业人员人数（万人）	从业人员占比（%）	年末合计国有资产总量（亿元）	国有资产总量占比（%）
14.电力工业	6833	16.00	240.9	11.11	22608.5	20.14
15.市政公用工业	5150	12.06	84.2	3.88	8467.2	7.54
16.其他工业	4206	9.85	363.4	16.75	3808.0	3.39
工业合计	42698	100.00	2169.10	100.00	112258.50	100.00

资料来源：根据财政部数据整理计算。

（2）竞争性领域的国有资本过多地集中于产能严重过剩行业。我们以上市公司为样本，分析了钢铁、水泥、平板玻璃、煤化工、多晶硅及风电等被国家发展改革委确认为产能严重过剩行业中的国有资产和国有资本占比。结果发现，无论是国有资产还是国有资本，其在产能过剩行业中的占比都显著高于其他行业：2003—2014年这12年平均，国有资产在产能过剩和其他行业的占比分别是92.50%和69.37%（见图3-23），国有资本在产能过剩和其他行业的占比分别是92.14%和76.35%（见图3-24）。

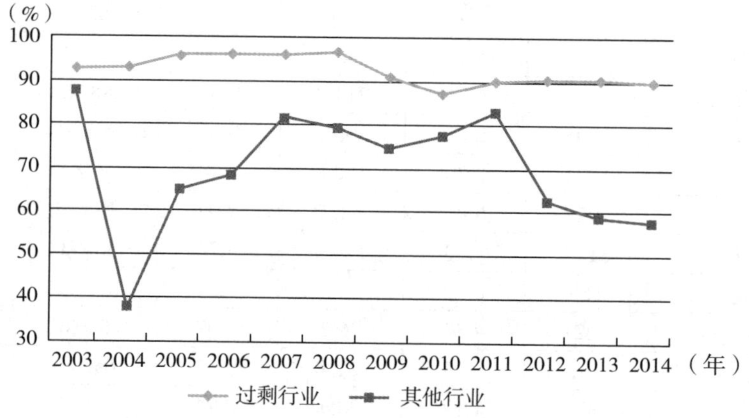

图3-23　国有资产在产能过剩行业和其他行业的占比

注：由于国有资产在产能过剩行业和其他行业的占比均在30%以上，故纵轴从30%起始。以下线图若纵轴未从0开始，原因以此类推。

资料来源：Wind。

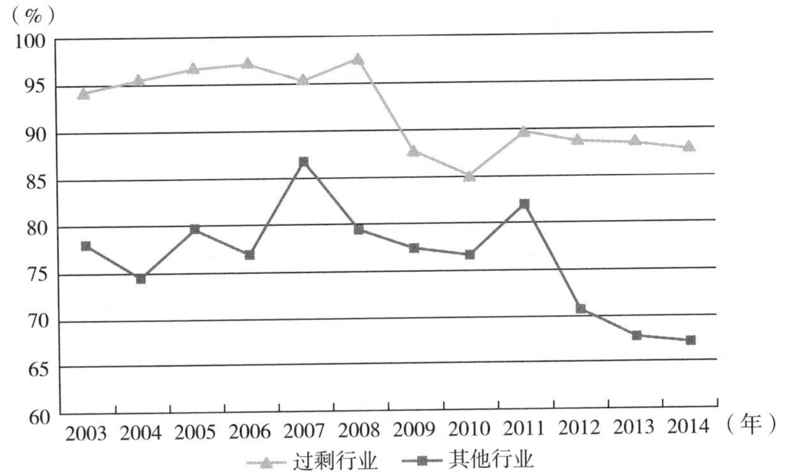

图3-24　国有资本在产能过剩行业和其他行业的占比

资料来源：Wind。

（3）国有资本在战略性新兴领域分布相对较少。在上市公司中，我们挑选了移动互联网、互联网金融、新能源、新材料、3D打印等40余类概念作为战略性新兴领域代表，结果同样发现，国有资产和国有资本在战略性新兴领域中的占比显著低于其他领域：2003—2014年这12年平均，国有资产在战略性新兴和其他领域的占比分别是41.89%和81.87%（见图3-25），国有资本在战略性新兴领域和其他领域的占比分别是50.50%和84.43%（见图3-26）。

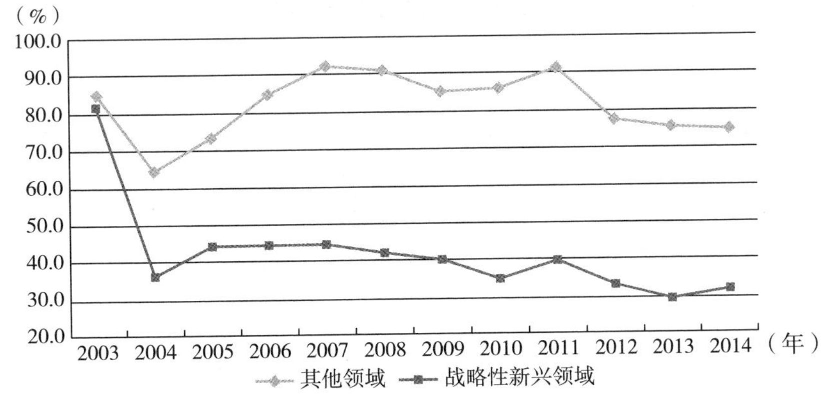

图3-25　国有上市公司总资产在战略性新兴领域和其他领域的占比

资料来源：Wind。

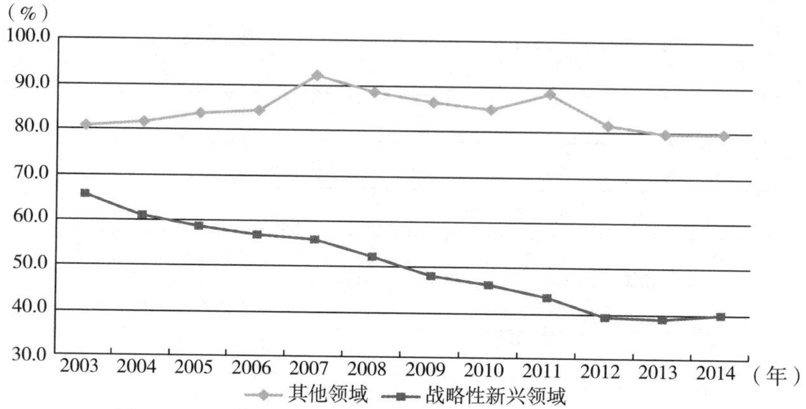

图3-26 国有资本在战略性新兴领域和其他领域的占比

资料来源：Wind。

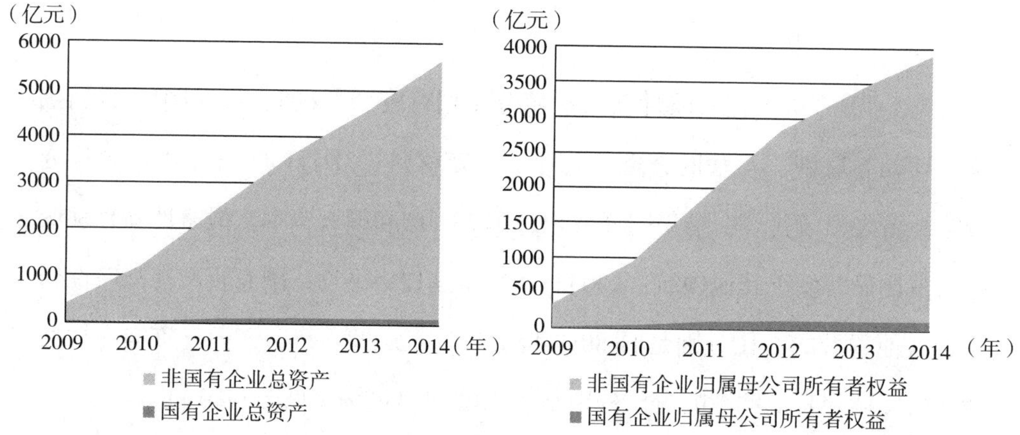

图3-27 创业板中的企业总资产和归属母公司所有者权益——非国有对照国有

资料来源：Wind。

我们还发现，创业板中国有企业总资产与归属母公司所有者权益的占比都很低（见图3–27）。2014年，创业板中非国有企业总资产共计约5470亿元，而国有企业总资产仅约190亿元，占比仅为3.47%；同年，创业板中非国有企业归属母公司所有者权益共计约3770亿元，而国有企业归属母公司所有者权益仅为120亿元，占比仅为3.18%。由于中国创业板市场重点关注“两高六新”企业，创业板上市企业一定程度代表了中国目前最活跃的高新科技企业群体，可近似视为战略性新兴领域的一个缩影。因此，这也从另一个角度印证了国有资本在战略性新兴领域布局不足、占比很低。

3.国有资本流动性不强

国有资本以国有企业股权的形式分布在国民经济各领域中，部分国有企业股权存在“凝滞化”现象，难以在短期内实现“有序进退”所要求的快速流转。国有资本流动性较低，也是阻碍国有经济布局优化和结构调整进程的重要原因。

国有资本流动性不强，使得来自资本市场的监督和压力失灵，难以转化为治理能力和发展动力。

国有资本流动性相对过低[①]。2014年，国有资本控股的上市公司总资产95.94万亿元、归属母公司所有者权益12.94万亿元，占全部国有企业总资产的86.16%和国有资本的40.96%。也就是说，全国国有资本的证券化率在41%左右。

从中央层面看，2018年中央工商类企业的资产证券化率在68%左右，国务院国资委曾希望在2015年央企资产证券化率达到80%。从地方上看，2018年多数省份的国资证券化率不到30%；已有20个省份明确了国有资产证券化率目标，一般都在50%以上。这说明我国国有资产虽然具备了一定的流动性条件，但条件还不是很好，实际流动性则更低。

此外，我们利用上市公司的年日均换手率分析其资本流动性，结果发现，国有上市公司的日均换手率显著低于非国有上市公司的日均换手率：2003—2014年这12年平均，非国有上市公司的日均换手率（0.034573%）比国有上市

① 国有资本的流动性主要在两个方面体现：一是要使国有资产具备流动的可能性，主要手段是国有资产股权化（通过公司制、股份制改造来完成）和国有股权证券化，以此赋予国有资产流动性；二是国有股权要通过市场化交易实现正常流动，竞争性领域的国有资本也可以通过“以脚投票”等方式对企业经营层产生适当压力，交易价格能合理反映企业经营绩效。

公司（0.022396%）高54.37%。这也间接反映了国有企业的资本流动性明显低于非国有企业。

4.以“管资本”为主的国有资产监管体系尚须深化

尽管以“管资本”为主的国资监管体系架构已经搭建，但要有效运转并发挥实质性积极作用，还有不少完善空间。

一是国资监管机构职能调整、简政放权后，如何让企业切实感受到从“管资产”转向了“管资本”，还需要加强内部统筹、政策落地、机构调整、人员配置和能力提升。

二是国有资本授权经营体制方案2019年5月才出台，能否落地及落地后的成效如何，尚需一段时间运行、检验和观察。

三是中央和各地的国有资本投资、运营公司还在试点中，且各地实施路径和模式差异较大，还需进一步探索以积累经验。从实践来看，绝大部分试点的国有资本投资、运营公司还有待进一步切实发挥“管资本”的积极作用，不少“两类公司”存在功能定位不清、授权不到位、上下左右关系尚未理顺等问题。最后，相关条例和法律法规需要按“管资本为主”的要求进行修订，避免实践中的法律与政策冲突。

（三）国有企业“一股独大”问题仍较突出，重组整合应更注重实质性成效

1.国有企业“一股独大”问题仍较突出

国有企业的股权结构仍不够优化和平衡，“一股独大”问题仍相对普遍存在，导致部分公司治理失衡、内部监督缺失，提供了“内部人控制”的土壤；部分国有资本流动性不强，有时会使得来自资本市场的监督和压力失灵，难以

转化为治理能力和发展动力。

从全国整体情况来看，2014年全国国有企业中国有股权比重（按国有资本总量占企业净资产总量的比重来近似）的比例为79.96%，而且从2007年以来一直保持在80%左右，个别年份国有股比重甚至略有上升。具体见表3–4。

表3-4　2003—2014年全国国有企业国有股比重状况表

年度	户数	所有者权益（亿元）	国有资本（亿元）	国有股比重（%）
2003	145696	79489.91	68292.02	85.91
2004	136270	85609.72	72629.10	84.84
2005	125638	97637.18	82041.30	84.03
2006	116090	111807.09	92628.30	82.85
2007	111937	132227.06	107710.12	81.46
2008	109664	157065.36	126961.20	80.83
2009	110799	183858.23	148368.38	80.70
2010	113712	216618.20	172791.84	79.77
2011	135682	255883.59	203096.76	79.37
2012	146771	299940.85	240275.61	80.11
2013	155319	349895.51	280359.14	80.13
2014	160515	395150.27	315944.43	79.96

资料来源：根据财政部数据整理。

即使在国有上市公司中，国有股“一股独大”、股权结构集中等问题依然存在。如图3–28所示，2014年国有上市公司第一大股东所持股份占比平均达到了40%左右，高于非国有企业的32%；即国有上市企业第一大股东的持股比例高出非国有上市企业约25%。从趋势看，虽然2003—2005年，国有企业第一大股东持股占比有所下降，但从2006年开始基本保持稳定态势。我们还采用了赫芬达尔—赫希曼指数作为衡量指标[①]，比较了国有企业与非国有企业前三大股东的持股集中度，结果如图3–29所示。可以看出，国有企业前三大股东的持股集中度高于非国有企业大概30%。

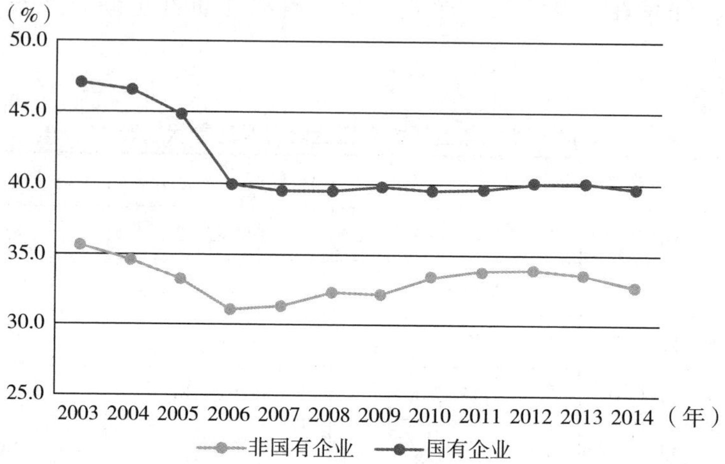

图3-28　第一大股东持股占比

资料来源：Wind。

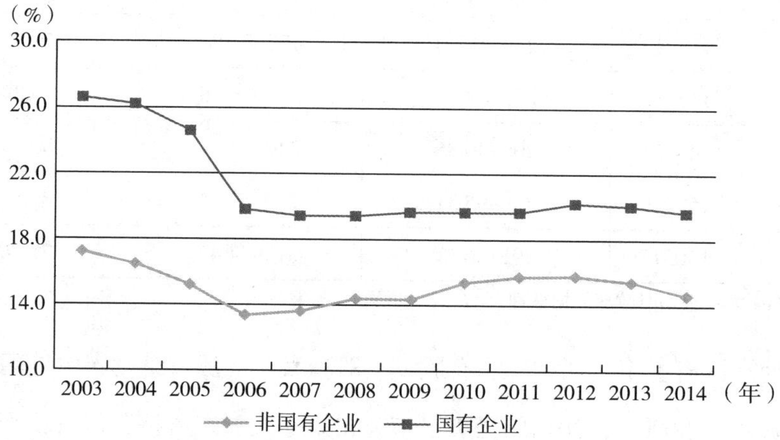

图3-29　前三大股东持股集中度

资料来源：Wind。

① 具体算法如下：$HHI_3=\sum_{i=1}^{3}S_i^2$ 其中，HHI_3 为前三大股东的持股集中度。S_i 为第i大股东的持股比例。该指标取值范围为0–1，越接近0表示股权越分散，越接近1表示股权越集中。

2.国有企业“走出去”过程中产生新问题

近年来，我国国企特别是央企在海外市场积极开展工作，取得一些重大进展。但同时，国有企业在“走出去”过程中，也存在一些突出问题。特别是有些国企“走出去”海外并购重组中，出现了一些新问题，如盲目扩张、资源浪费、出现亏损、国资流失等。这些问题，除恶意转移资产和个别企业违规投资外，也与我国部分国企海外投资与跨国经营能力不足、经验不丰富有关，还反映出国企海外资产管理制度建设亟待完善。此外，当前国际环境对国企海外并购的不利影响加剧，非市场因素加重国企“走出去”并购困难。

一是恶意转移资产和国有资产流失问题。在国有企业“走出去”的进程中，个别企业钻制度空子，违规投资海外不动产、酒庄、娱乐产业等，变相向海外转移资产；一些资产因经营不善造成巨额亏损，造成国有资产流失，损害了国家利益。

二是海外投资与经营能力、经验不足的问题。我国有些国企开展海外投资的经验和风控机制较为欠缺，国际市场竞争经验相对不足，对开展海外并购可能遇到的各项困难准备不足。此外，部分国企跨国经营管理能力也有欠缺，国际化经营管理人才缺乏，对东道国不同的法律法规、宗教、文化、投资政策及环境等方面的了解也较有限，开展海外经营方面存在较大困难。

三是国资管理体制还须针对海外投资进一步完善。在审批流程方面，为了避免国有资产流失，行政机关对国企海外并购审批链条较长，但针对国企海外并购的机制建设尚不完善。这导致一方面难以及时发现与制止恶意转移资产的海外并购行为；另一方面对有利于国企发展壮大的海外并购行为审批过于烦琐，容易错失发展机会。此外，国企海外资产管理面对的法律环境、文化环境甚至突发政治事件等不可预测因素较多、不确定性和变化均较大，而我国当前的海外资产管理制度建设相对滞后，往往出现问题却“无法可依，无章可循”。

四是当前国际环境并不利于我国国企海外并购。由于国有性质，我国国有企业“走出去”一直伴随着一些质疑和阻挠言论，非市场因素致使中国国企并购困难重重。一些外国政府出于本国经济安全考虑而给予我国国有企业更为严格的审查。在保护主义抬头的国际背景下，非商业因素对于国有企业“走出去”的阻碍在增强。

3.国企调整与重组后实质性整合难度大

重规模轻效率、重重组轻整合造成“大而不强、整而不合”。一些企业单纯为了提高规模，或迫于考核压力甚至只是跟风而开展兼并重组，加上实质性融合难度大，不少国企兼并重组后“整而不合”，未能实现业务协同和优势互补，难以发挥规模优势。

一是重组后公司治理跟不上。国有企业特别是央企，治理结构相对更为复杂，涉及多个方面。在兼并重组过程中，会涉及“动位子”“换帽子”，对相关企业管理人员的安排与平衡，是兼并重组中所需要着重解决的问题。此外，在兼并重组后，如何发挥好各个治理主体的积极性，有效避免“山头主义”问题，理顺企业的决策机制，减少管理层级，提升决策效率，是国企兼并重组中需要重点考虑和解决的任务。

二是实质性融合难度大。有些企业在形式上实现了整合，但在管理流程、体制机制、人员管理、企业文化等方面，由于涉及两个完全不同的企业之间的“物理变化”与“化学变化”，整合难度极大。一些企业重组后，由于内部管理未能实现融合，非但没有实现协同效应，反而增加了内部损耗。“物理变化”完成后如何有效推动“化学变化”，达到“1+1>2”的效果，是合并重组的央企都需要解决的大问题。

（四）优化布局、调整结构的操作手段需要进一步市场化，提升科学性和有效性

1.操作手段重行政推动轻市场规律，影响了优化调整的实质性成效

服务国家战略是国有经济和国有企业的重要责任，开展国有经济调整、推动国有企业重组整合应做到目标上服务国家战略和手段上尊重市场规律的平衡。但有些已有的案例在操作上还是侧重于以行政意志为主导，一定程度上忽视了企业意愿和市场规律。

兼并重组中政府与市场的关系有待完善。在国有经济布局结构调整过程中，不少调整（特别是在兼并重组过程中）是通过行政命令的方式直接决定，行政手段干预过多，忽视了市场对资源配置的决定性作用，造成了调整优化过程中的成本过高、资源浪费、实质性整合难等情况。行政意志过多涉及具体操作层面，会提高交易成本、沟通成本等，降低资源配置效率。

国企兼并重组在操作上偏重行政手段，有时会忽视市场规律和企业意愿。行政干预较多且往往涉及具体操作，表面上降低了交易成本和沟通成本，但由于信息不对称、存在道德风险和企业主动参与的积极性受挫，往往实效不佳：一些“拉郎配”式重组只实现了形式上的联合，后续实质性整合困难重重，难以产生协同效应，甚至会降低参与企业的积极性，不利于后续的进一步发展。一些“好背坏”式重组，使好企业背上沉重负担，甚至最后被拖垮。

此外，部分国企兼并重组效率低、推进慢，原因之一是行政审批链条过长、机构过多，层层审批增加制度成本和机会成本，难以适应市场化兼并重组的时效性要求，有时导致企业错过兼并重组窗口期，错失发展机遇。如一些涉及国有企业的结构调整和兼并重组通常需要多家政府部门的层层审批，虽然一

定程度上避免或减少了国有资产流失，但由于行政审批链条过长、机构过多，增加了国有经济调整的制度成本、交易成本和机会成本。在瞬息万变的市场环境中，不仅难以抓住企业重组整合的机遇窗口期，反而可能与调整的初衷背道而驰。

2.优化布局、调整结构的科学性和有效性有待进一步提升

已经推动的提升国有资本流动性、推动国有经济布局优化和结构调整的过程，在实际操作上有时存在行政干预过多、市场化和科学性需要进一步加强的问题。

国有经济布局优化、结构调整的相关行政条文在制定过程中需进一步提高科学性，一些主导机构或国有企业为了追求规模而盲目开展调整，未能有效实现规模优势和协同效应；反而由于制度、流程、架构、文化等方面的差异性，只是实现了形式上的联合，造成“整而不合”、企业活力激发不到位，难以产生经营协同，甚至由于“好背坏”而出现差企业拖累好企业的情况。

回溯央企成立与变更的历史，可以发现，出于打破垄断、促进竞争的考虑，在上一轮改革中，一些关键行业的央企被拆分；但在本轮央企兼并重组中，一些曾经“分家”的央企再次合并。这样做，一方面可能源于不同时期国企改革不同的思路与客观要求，如拆分是出于打破垄断、推动竞争、促进创新的思路，合并则出于提高国际竞争力、减少恶性竞争等；另一方面，也反映出国企改革政策制定时存在一些前瞻性、长期性不强问题。一些不必要的反复容易带来企业内耗与扯皮，增加制度成本、交易成本，影响企业运营效率，应尽量避免。

（五）新一轮科技革命和产业变革，要求大量布局于传统行业的国有企业加快转型和创新步伐

“十四五”适逢世界百年未有之大变局，中国战略机遇期的内涵与条件发生了重大改变。其中，以数字经济为核心的新一轮科技革命和产业变革蓄势待发，新产业、新技术、新业态层出不穷，深刻影响生产方式、生活方式和治理方式，重塑经济结构、社会格局和生态环境，影响各国经济竞争力的消长，改变国际经济格局。

1.国有经济要适应重大环境变化，更积极地实施布局战略性调整

新一轮科技革命和产业变革中，颠覆性新兴技术不断涌现，引发“关键生产要素”变迁，并进一步推动生产方式智能化、产业组织平台化、技术创新开放化，产业分工方式和产业组织形态快速变革，如数据成为重要生产要素、人工智能快速替代劳动、新能源逐步替代化石能源、新零售颠覆传统零售业、智能驾驶将重构汽车产业格局，等等。科技革命改变产业特性，产业变革影响企业竞争格局。行业重构和企业再造，既蕴含着创新者崛起的机遇，也必然为故步自封者带来重大挑战。

由于历史沉淀和调整缓慢等原因，国有经济仍较多地集中于一般竞争性领域，而竞争性领域的国有资本又过多地集中于传统产业、重化工业及一些产能过剩行业，这些领域将面临科技革命和产业变革的直接冲击。同时，国有经济在战略性新兴领域相对分布较少、占比偏低，在抓住科技革命带来的历史性机遇方面优势不明显，将影响其在促进转型升级和创新发展等方面的作用发挥。

2.国有资本要在解决产业体系“缺芯少魂”难题和突破“卡脖子”技术瓶颈等方面发挥作用

我国在新一轮科技革命和产业变革的局部领域具有一定优势，不再仅仅是旁观者、追随者，这为实现“弯道超车”“换道超车”提供了可能。变化了的国际环境中蕴含着增强我国创新能力、提升产业国际竞争力和强化制度型话语权的新机遇。但同时，我国很多战略性新兴产业尽管具有规模优势、市场优势，但重要领域和关键环节还存在“缺芯少魂”“卡脖子”等问题，制约着我国进一步巩固和提升发展优势，也给我国产业链安全带来了考验。

3.大型国企要在构建中国特色国家协同创新生态系统中发挥积极作用

我国从高速增长向高质量发展的转型，需要实质性、突破性的科技创新提供技术支撑，探索新型举国体制、开展多主体协同创新成为时代新命题。开展协同创新，关键要解决好创新多主体之间的协同问题，实现创新的有机整合与有效协同，提高创新成功率、转化率。

大型国企具有集成创新能力明显等优势，而且还是技术创新的重要用户，可以为技术创新提供应用市场，在促进构建中国特色协同创新生态系统中发挥积极作用。这要求大型国企在坚持市场化改革方向的前提下，利用好自身具有的资源优势、长期积累的技术体系与人才储备以及开展集成创新的能力，与集中力量办大事的新型举国体制有机结合，释放创新潜力，积极参与构建以市场机制为主的多主体协同创新系统，实现政企合作、区域协调发展、国内外联动、产学研用相结合。

（六）各类所有制企业之间要公平竞争、共同发展

不同所有制经济需要建立公平竞争、相互促进、共同发展的关系。改革开放以来，由于市场经济制度的不断完善，民营经济快速发展，在经济总量、税收、就业等方面占比较大，国有经济在不断向优势领域调整的过程中也获得了巨大发展。当前不同所有制企业在要素使用、市场竞争和产权保护等方面还存在一些制度落差，离中央提出的要求还有距离。如果进一步完善公平竞争的环境，实现优胜劣汰，将会继续促进各种所有制经济发挥各自优势，优化资源配置，释放巨大的增长潜力。

（七）国有资本要在保值增值及充实社保方面发挥积极作用

老龄化社会来临，国有资产是我们应对挑战的重要资产。我国人口老龄化趋势不断加剧，工作人口比重不断下降，退休人口比重不断上升，养老金收支将面临挑战。国有资产是全国人民共有的财富，是弥补养老金缺口的重要来源。我们既要实现国有资本的增值保值，又要加大国有资本充实社保的力度。

（八）新一轮高水平对外开放对国有经济布局优化、结构调整和战略性重组提出了更高要求

我国实施新一轮高水平对外开放和不断融入全球经济，对国有企业改革提出了更高要求。全球主要经济体非常重视竞争中性原则，在商业考虑、公共服务、税收、监管、债务、补贴、政府采购等方面提出了明确要求。竞争中性概念或者该概念包含的基本要求，已经成为新一轮贸易规则的核心内容。我国坚定不移推动全方位对外开放，致力于发展更高水平的开放型经济，需要了解并用好国际公认的基本规则。

1.高水平对外开放意味着高水平“走出去”和高质量“引进来”

过去的中国经济大发展是在开放条件下取得的，未来中国经济实现高质量发展也将在更加开放的条件下进行。不论是破解当前社会主要矛盾，还是应对世界百年未有之大变局，均要求我国构建多元平衡、安全高效的全面开放体系，进一步扩大高水平对外开放。高水平对外开放，既包括开放范围扩大、领域拓宽、层次加深，也包括开放方式创新、布局优化、质量提升，还意味着高水平“走出去”和高质量“引进来”。

2.高水平“走出去”，要求作为“走出去”主力军的国有企业适应正在重构的国际竞争规则

随着竞争中性原则在国际经济贸易治理领域的兴起，国际竞争新规则对国有企业参与商业活动提出了更高的要求和标准，使“走出去”的国有企业面临越来越多的来自国际竞争规则的新挑战。如美欧日三方贸易部长联合声明要求WTO改革，制定新的特殊的补贴规则和特殊的国有企业规则；一些西方国家修改投资法律，旨在提高国有企业的投资门槛。

为更好地应对外部挑战及更顺利地“走出去”，我们应在坚持国家经济主权原则的基础上，秉持价值中立原则，认真应对一些国际协议国企条款带来的挑战，作出及时响应、主动调整甚至积极引领——如建立良性互信、公开透明的政企关系，促进国有企业构建完善的公司治理体系和高度市场化的经营机制；吸收国际规则中的有益成分，以开放促改革；参与制定并争取有利于国企发展的国际规则，为国有企业争取有利的国际环境和发展空间。

3.高质量“引进来”要求国有企业更主动地适应竞争政策规制

高质量引进来，意味着内外联动的开放，从商品和要素流动性开放转向制度性开放。在这一进程中，外资企业将享受平等的国民待遇，进入更多产业

领域、进入更大市场空间，以落实党的十九大报告提出的“全面实行准入前国民待遇加负面清单管理制度，大幅度放宽市场准入，扩大服务业对外开放，保护外商投资合法权益”。因此，要在落实《中华人民共和国外商投资法》“一法统领”地位，发挥其在外商投资准入、促进、保护、管理等方面积极作用的基础上，强化竞争政策的基础性地位、秉持竞争中性原则，为国有企业、外资企业、民营企业搭建公平竞争舞台，营造以制度为保障、以规则为基础的市场化、法治化和国际化的营商环境，以实现党的十九大报告提出的“凡是在我国境内注册的企业，都要一视同仁、平等对待”。

第四章
国有经济布局优化和结构调整的国际经验

各国对国有经济的认识各不相同。但主要大国均不同程度地保有国有经济，只是比重和结构存在差别；而且主要国家都经历过在不同时期，根据发展阶段、市场变化等因素，相应地调整国有经济的布局和结构。研究国有经济布局优化、结构调整的国际经验，可以为我们相关工作提供一些参考思路和有益借鉴。

一、经济合作与发展组织国家的国有经济布局与结构

2017年，经济合作与发展组织（OECD）公司治理部门对33个OECD成员国[①]以及6个其他国家[②]的国有企业状况进行了统计分析。经统计，39个国家共有2467家国有或国有控股企业，净资产总计2.4万亿美元，雇员924万人。这些国有企业的布局与结构主要情况如下。

---

① 阿根廷、澳大利亚、奥地利、加拿大、智利、捷克、挪威、爱沙尼亚、芬兰、法国、德国、希腊、匈牙利、冰岛、爱尔兰、以色列、意大利、日本、韩国、拉脱维亚、墨西哥、荷兰、新西兰、挪威、波兰、斯洛伐克、斯洛文尼亚、西班牙、瑞典、瑞士、土耳其、英国、美国。

② 巴西、哥伦比亚、哥斯达黎加、印度、立陶宛、沙特阿拉伯。

（一）行业分布：高度集中于网络型产业

39个国家的国有企业高度聚焦于网络型产业（network industry）中，电信、电力与燃气、交通运输与其他公共事业等行业的国有企业净资产占全部国有企业净资产比重超过一半，雇员人数占全部国有企业净资产比重超过70%。除网络型产业外，金融业是净资产占比最高的行业（26%）。具体见图4-1。

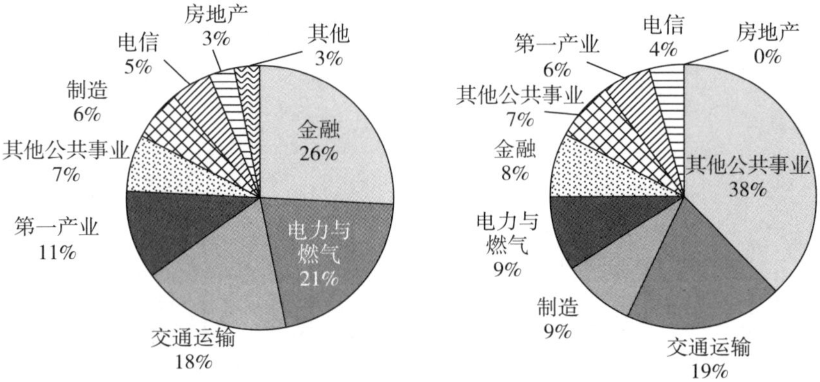

图4-1　2015年末39个国家国有企业净资产（左图）与雇员数（右图）行业分布

资料来源：OECD报告（2017年）。

（二）企业形态：上市公司占一半

39国的国有企业中，92%的净资产都归属于按照一般公司法组成的“完全公司法人”（fully incorporated），其中上市公司占45%、非上市公司占47%；其他为按照特定法律组成的企业法人或者准法人（见图4-2）。无论是完全公司法人还是企业法人形式的国有企业，净资产占比最高的都是金融、电力与燃气和交通运输行业（见图4-3、图4-4）。

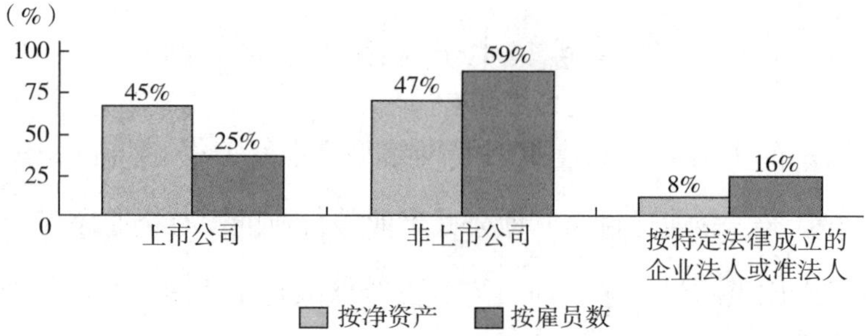

图4-2　2015年末39个国家国有企业组织形态分布图

资料来源：OECD报告（2017年）。

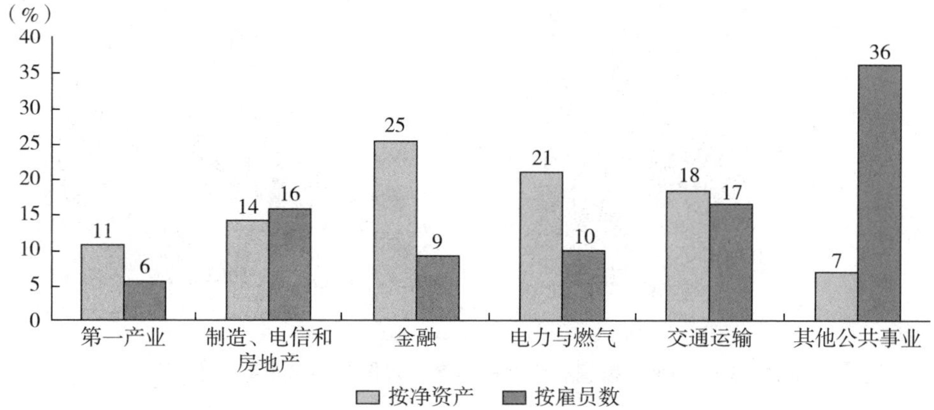

图4-3　2015年末39个国家国有完全公司法人行业分布

资料来源：OECD报告（2017年）。

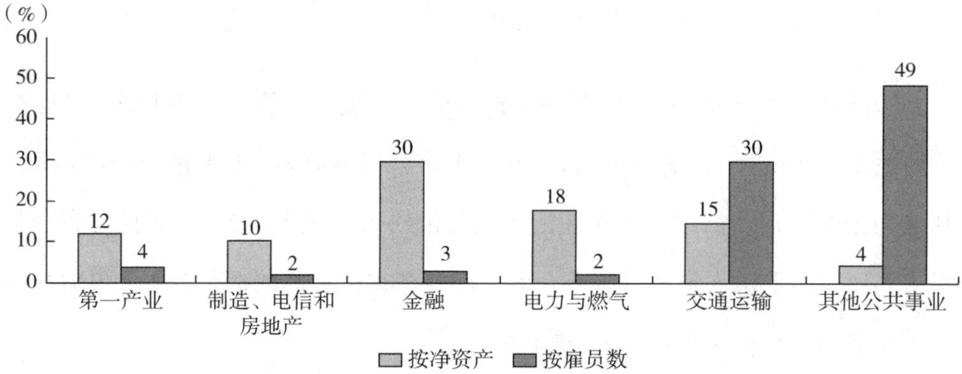

图4-4　2015年末39个国家国有企业法人行业分布图

资料来源：OECD报告（2017年）。

（三）代表性国家：德国国有企业的基本情况

2016年，德国联邦政府从参股企业中共盈利67亿欧元。仅德国联邦铁路公司就盈利8.5亿欧元、德国电信股份公司盈利2.2亿欧元。德国联邦政府参股并参与经营的61家企业主要包括：全资的德国联邦铁路公司，参股14%的德国电信公司，参股26%的柏林新机场以及全资的德国联邦印钞公司，慕尼黑机场参股26%、科隆机场参股31%、德国邮政股份公司参股21%、商业银行参股15.6%。联邦政府还对另外500多家企业参股，但不参与经营，如银行控股公司Hypo房地产公司、区域性公交公司和集装箱码头等。

各联邦州对1400多家企业也参股，具体包括银行、迈森的国家瓷器制造厂（萨克森州政府100%控股）和国家酒厂（莱茵兰-普法尔茨州，黑森州和巴登-符腾堡州政府100%控股）。城市和地方政府则对超过13000个公共设施（如游泳池、图书馆和医院等）和公司（如废弃物回收公司）参股。

二、OECD国家的国有经济调整模式

2017年的OECD国有企业报告总结了2012—2015年OECD及相关国家的国有企业变化情况，主要是以下六个方面。

（一）收购上市公司的国有少数股权

自2012年以来，一些国家（尤其是欧洲国家）的中央政府收购了多家上市公司的少数股权。这样的行为可能表明，政府正努力扶持陷入困境的公司，或对具有战略重要性的公司或行业保持一定程度的所有权。

其中包括（但不限于）芬兰政府通过固化公司收购SSAB（一家总部位于

瑞典的钢铁公司）的国有少数股权，以换取SSAB收购Rautaruuki Oyj（一家钢铁制造公司，2012年国有股权为41.1%）。类似案例还有：法国政府对两家制造企业（标致雪铁龙集团和空中客车公司）股权的收购，以及法国政府对STX法国船厂的临时国有化；匈牙利政府收购两家电力公司的股权；西班牙政府收购一家信息技术公司和一家食品加工公司的股权。

（二）设立新的国有企业

在报告期间，奥地利创立一家金融业国企；捷克设立两家制造业国企；爱沙尼亚设立五家国有企业（经营金融、乳制品生产和运输）；拉脱维亚设立一家运输国企、一家金融国企（公共投资发展局）和另一家隶属于立陶宛农业部的国企；新西兰成立了四家新的国有企业（教育工资、御宅族、皇冠灌溉和网络学习）。

可见，OECD各国对国有企业的态度，也不仅仅是简单的“私有化”，而是根据客观情况和实际需要，实施有前提条件的“有退有进”。

（三）国有企业上市

包括意大利三家国有企业的上市（Poste SpA、Rai Way SpA和Fincantieri）；荷兰银行（ABN Amro，一家荷兰的此前未上市、大部分为国有股权的银行，在2008年国际金融危机后被政府收购）的上市——2015年12月，荷兰银行IPO（首次公开募股），共募集33亿欧元，使荷兰政府在国际金融危机期间用于救助该银行的220亿欧元资金部分实现了收回；新西兰三家公司的部分上市；挪威房地产公司Entra Eiendom ASA的IPO，其中政府持有49.73%的股票。

（四）兼并与重组

包括智利将国有企业转变为其他国有企业的附属企业（拉戈·佩努埃拉斯成为Econssa的附属企业）。立陶宛航运公司在宣布破产后成为立陶宛铁路的附属企业；立陶宛的并购，包括合并的两个机场到维尔纽斯国际机场，三家合并成一个国有企业；国有资产基金合并成国有资产银行（Turto河岸）；两个疗养院国有企业合并成一个实体企业。捷克共和国国有企业部门内的一些合并或分拆，导致初级、电信和其他公用事业部门的国有企业数量增加，电力和天然气部门的国有企业数量减少。芬兰拆分Metso，随后创建Valmet。德国国有金融部门重组，导致金融国企数量增加5家。两家金融国企合并成拉脱维亚新成立的法定公司。瑞士邮政从自治的“准公司”转变为股份公司的法律形式。

（五）国资退出与私有化

包括捷克共和国的一家运输国有企业的私有化；意大利剥离上市铁路技术公司Ansaldo的国有股，将其出售给日立（Hitachi）；韩国政府出售在上市公司乐天旅游开发公司（Lotte Tour Development Company）持有的少数股权；2015年拉脱维亚出售国有银行Citadele的股权；荷兰政府出售其在马斯特里赫特亚琛机场（Maastricht Aachen Airport）的股份（实际发生在2004年，但荷兰政府保留了其在一家空壳公司的股份，该空壳公司包含了出售所得，荷兰政府于2014年将其出售）；荷兰出售Twinning和减少政府在两家小公司中的份额；2014年，挪威政府将其在养鱼业公司Cermaq剩余的59.17%股权出售给三菱公司（Mitsubishi Corporation）；2013年瑞典政府出售持有的北欧银行剩余股份（2012年底，瑞典政府持有该公司13.4%的股权）；英国政府减持劳埃德银行集团（Lloyds Banking Group）股份至10%以下，并出售英国皇家邮政（Royal Mail）、欧洲之星（Euro star）和Working Links。

美国为协助企业应对国际金融危机，在采取了短暂的“国有化”支持措施后，又逐步实施“私有化”——美国财政部减少或完全剥离其在三家上市公司（通用汽车公司、独立银行公司和第一银行）的少数股权：国际金融危机后美国政府注资通用，后逐步退出——2008—2009年国际金融危机期间，通用汽车申请破产保护。当年，美国财政部通过购买股权和债务，向通用汽车注资495亿美元，让通用“起死回生”；作为交换，财政部获得了价值21亿美元的通用汽车优先股以及该公司60.8%的股权。此后，财政部通过一系列股票出售交易减持了通用汽车股权。到2013年末，美国财政部宣布已经将持有的通用汽车公司股票全部出售完毕，共计收回资金390亿美元，累计损失超过100亿美元。据统计，美国政府在国际金融危机后启动的不良资产救助计划共计向银行业、汽车业等行业提供资金4218亿美元，2013年总计收回4327亿美元，不良资产救助计划已经整体盈利。

（六）国有企业破产清算

包括智利国有煤炭公司那萨尔的清算；芬兰国有矿业公司在2015年破产；2015年爱沙尼亚航空公司因长期亏损以及被欧委会裁定非法接受国家资助而被迫破产，2013年爱沙尼亚国有房地产公司Muuseumi majaehituse解散；立陶宛航运公司和维萨吉纳斯建筑公司破产，维尔纽斯城堡理事会停止在立陶宛的业务。

第五章
新时代国有经济布局优化和结构调整的思路与方向

当前我国适逢社会主要矛盾转化、面临百年未有之大变局和民族复兴大局、科技革命和产业变革浪潮汹涌的时期，现代化进程进入关键阶段。这要求国有经济针对战略性外部环境的转折性或跳跃式变化，必须作出应激式反应、开展适应性调整和前瞻性变革，更主动地实施高质量发展战略、积极应对科技革命和产业变革、构建良性互动的“国民关系”、支持高水平对外开放，在促进公平、提升效率和推动中国式现代化进程等方面发挥更积极的作用。

一、找准基本定位

新时代国有经济布局优化和结构调整的基本定位应为服务国家战略，发挥国有经济引领、主导和控制作用，促进高质量发展、提高国民经济整体效率和国际竞争力。党的二十大确立了全面建成社会主义现代化强国的目标。高质量发展是全面建设社会主义国家的首要任务，实施扩大内需、区域协调发展、科教兴国，创新驱动发展等战略，离不开国有经济的支持、国有资本的参与。

国有经济拥有丰富的资源、雄厚的实力、先进的技术装备，凝聚着我国先进的生产力，担负着提升效率、促进公平的重要使命。需要更加积极主动地服务国家战略，全面贯彻新发展理念，坚持以供给侧结构性改革为主线，促进建设现代化经济体系。

因此，要持续推进国有资本布局优化与结构调整，国有资本要更好地向关系国家安全、国计民生、前瞻性战略新兴产业集中，增强国有经济的国际竞争力、创新力、控制力、影响力和抗风险能力，更有效地发挥国有经济引领、主导和控制作用，促进高质量发展，提高国民经济整体效率和国际竞争力。

二、明确国有经济布局优化、结构调整与战略性重组的目标和原则

面对国内国际形势的深刻变化，着眼于促进实现第二个百年奋斗目标，适应百年未有之大变局和助推中华民族伟大复兴这“两个大局”，服务“双循环”对国资国企的要求，实事求是、积极稳妥地推动国有经济的布局优化和结构调整。

（一）目标：服务国家战略、落实国家经济政策，增强国有经济的国际竞争力、创新力、控制力、影响力和抗风险能力

适应市场化、现代化、国际化新形势，落实国家经济政策和经济发展模式转型、调整的总体要求，根据我国经济高质量发展的新要求，在前期国资国企改革取得成果的基础上，优化国有资本重点投资方向和领域，推动国有资本向关系国家安全、国民经济命脉和国计民生的重要行业和关键领域、重点基础设施集中，向创新体系和前瞻性战略性产业集中，向具有核心竞争力的优势企业集中，加快国有经济布局优化和结构调整，培育具有全球竞争力的世界一流企

业，实现国有经济的高质量发展。通过国有经济的布局优化和结构调整，增强国有经济竞争力、创新力、控制力、影响力、抗风险能力，形成适合我国基本经济制度和社会主义市场经济发展要求的国有资产管理体制、现代企业制度、市场化经营机制，促进国有经济高质量发展、推动国有资本做强做优做大，为培育具有全球竞争力的世界一流企业创造环境和条件，更好地助推适应“两个大局”、实现第二个百年奋斗目标、促进“双循环”。

国有经济在我国国民经济中发挥着重要的主导作用。我国国有经济布局优化、结构调整和战略性重组，要紧紧围绕服务国家战略，具体表现在以下三点。

一是功能作用有效发挥。在关系国家安全的领域保障能力显著提升，在关系国计民生和国民经济命脉的重要行业控制力明显增强，在重大装备、信息通信、生物医药、海洋工程、节能环保等行业的影响力进一步提高；在新能源、新材料、航空航天、智能制造等产业的带动力更加凸显。

二是资源配置更趋合理。通过兼并重组、创新合作、淘汰落后产能、化解过剩产能、处置低效无效资产等途径，更主动、更多地利用市场化手段，形成国有资本有进有退、合理流动的机制。

三是发展质量明显提升。企业发展战略更加明晰，主业优势更加突出，资产负债规模更趋合理，企业治理更加规范，经营机制更加灵活，创新驱动发展富有成效，国际化经营稳步推进，风险管控能力显著增强，国有资本经营效率明显提高，实现由注重规模扩张向注重提升质量效益转变，从国内经营为主向适应“双循环”转变。

（二）两条途径：国有资本根据国家战略部署有序进退；引导国有企业开展战略性重组，推进专业化、实质性整合

国有经济布局优化和结构调整涉及区域布局、产业布局和企业布局，

其核心是提升国有经济的影响力和更积极地发挥引领作用，重点是解决国有经济“向哪里布局”以及“如何调整、如何布局、布局多少”的问题。其中，“布局优化”和“结构调整”是两条主要途径，“战略性重组”是重要手段。

国有经济在国民经济中必须保持一定的比例，没有一定的规模、较高的质量和合理的结构，就难以保持“主导作用”。国有经济布局优化，重点是解决行业分布过宽而工业“四基”薄弱、服务国计民生能力不足、创新能力未有效释放、国际竞争力和影响力不强等问题，从而更好地提升国有经济的整体优势，更好地发挥国有经济的控制力、影响力和带动力。

国有经济结构调整，不仅要调整构成国有经济各因素的比例关系，更主要的是提升构成国有经济系统各要素质量的先进性、组织的合理性、动态的可调性及其内在的活力。国有经济结构调整的核心是提升国有资本的运营效率、增强国有企业活力。从国民经济整体结构层面看，要通过结构调整提升国有经济在国民经济调整和产业升级中的引领作用；在国有经济内部结构层面，要改善国有经济的经营方式、运作载体等问题；在具体的国有企业层面，要优化提升国有企业的治理结构、组织结构、产品结构等问题。

（三）调整的方向：推动国有资本“三个集中”

一是更多地向关系国家安全和国民经济命脉的重要行业和关键领域、具有全球竞争力的世界一流企业集中，保障国家安全，维护社会稳定，提升国民经济整体效率、构建“国民共进、协调发展”的经济格局；减少重复建设及恶性竞争，提高资源利用效率，适应和把握国际规则、应对日益加剧的国际竞争。

二是更多地向保障和改善民生、提供公共服务集中，体现国有资本“全民所有、全民共享”的基本属性，体现“增进民生福祉是发展的根本目的”。

三是更多地向提升创新体系集中，面向未来的战略科技制高点集中，以“科技决定国运”的认识，切实解决产业体系“缺芯少魂”难题、突破“卡脖子”瓶颈，落实创新驱动发展战略。

（四）四项原则

一是服务国家战略与尊重市场规律相结合。国有企业和国有经济作为国家直接参与经济发展的重要载体，承担着服务国民经济发展、提升国际竞争力等使命，服务国家战略是国有经济布局优化、结构调整和战略性重组中需要坚持的重要原则。同时，在具体操作手段上，要尊重市场规律，充分发挥市场在资源配置中的决定性作用，减少行政手段的不当直接干预，促进市场公平竞争。坚持以市场为导向，充分发挥市场在资源配置中的决定性作用，更好发挥政府作用。

二是国有经济布局调整优化与全面深化改革相结合。国有经济布局优化、结构调整和战略性重组要与供给侧结构性改革、发展混合所有制经济、完善国有资本管理体制等改革相结合，要将国企兼并重组放到国企改革乃至国家经济体制改革的大背景中，服务于国家全面深化改革整体部署，服务国企改革和全面深化改革大局，在巩固和发展国有经济的基础上，坚持有进有退、有所为有所不为，服务高质量发展、促进建设现代化经济体系。

三是严格依法、规范操作。要严格依法依规推进调整与重组，行政审批做到“不缺位、不越位”。既要有效防控国有资产流失，严格规范调整与重组行为，审慎筛选并购标的；又要针对符合国家战略和企业发展规划的兼并重组行为进一步简政放权，优化审核流程。

四是统筹协调推进。要注重提升竞争力和避免形成垄断相平衡，既要通过调整使资源向优势企业集中，促进产业结构升级，为培育具有全球竞争力的世界一流企业创造条件。同时也要警惕国企兼并重组中的“逆市场化”问题，特别是对于涉及民生终端消费领域的国有企业，其重组决策要高度慎重、推进要稳妥有序，尽可能不影响民生终端消费、不“与民争利”。在推进过程中要充分尊重市场、行业的发展规律和企业的实际状况，根据企业发展阶段与国家战略需要，严格论证相关政策与方案。

三、制定国有资本配置规划，明确当前一段时期国有资本重点投向的具体领域与举措

党的十八届三中全会已明确了国有资本战略布局调整方向，要求国有资本“更多投向关系国家安全、国民经济命脉的重要行业和关键领域，重点提供公共服务、发展重要前瞻性战略性产业、保护生态环境、支持科技进步、保障国家安全”，这不仅是国有资本增量投资的方向，也是存量调整的方向。

为此，国有资本应从那些落后产能过剩的一般竞争性产业逐步退出，转而投向公共服务领域、能引领未来的战略性领域；措施上要借鉴过去的一些经验和教训，明确不同类型的国企及国有资本实现不同的功能。

（一）做好国有经济布局优化的“顶层设计”工作

具体可由相关部委的规划部门牵头制定我国国有经济、国有资本动态调整的长远规划、五年规划，具体明确国有资本布局的重点领域与行业、进退范围、布局比重、国家持股比例、动态调整机制等。

参考世界主要国家央企国资主要分布在网络特征产业及金融等关键领域的经验，未来一段时间我国国有经济在不同类别领域布局应遵循以下方针：加大

公益性、公共服务领域和战略性新兴产业的国资投入；把控住关系国家安全、国民经济命脉的重要行业和关键领域；对布局于一般竞争性领域、具备条件的国企推进混合所有制改革。

（二）明确、细化国有资本重点投向的具体领域，采取多元化布局模式

《关于深化国有企业改革的指导意见》（中发〔2015〕22号）明确提出国有企业“分类改革”的要求，国有经济布局优化和结构调整，要分类明确工作重点。应进一步抓实落细重点产业白名单，作为未来国有经济布局的重点。

表5-1总结了美国、德国、法国等发达国家国有经济布局的重点领域。可以看出，这些发达国家国有经济布局集中的领域清晰，有助于更好地发挥国有经济功能，在重点领域发挥重要作用。

表5-1　部分发达国家国有经济重点布局领域

国家	国有经济重点布局领域（网络型产业或基础设施）
美国	邮政、电力、水利、公路、铁路、城市公共交通、港口、污水处理、环保、军事工业
英国	银行、核能
德国	基础设施、汽车、能源供应、电信
法国	国防军工、能源、交通、基础设施、银行、邮政、电信
日本	公路、桥梁、机场、电信

资料来源：人民网、商务部。

我国对“关系国家安全、国民经济命脉的重要行业和关键领域”“保障民生、服务社会、提供公共产品和服务”等的描述，相对而言，还是比较笼统、模糊，大部分央企都难以确认具体类型属性，在实际操作中也比较难找到合适依据去判断国有资本在具体案例中是该控股还是该参股。因此，对“关系国家

安全、国民经济命脉的重要行业和关键领域”，最好有比较清晰的产业目录，以便相关市场主体在此基础上独立判断和确定布局及结构。

对国家明确需要控制的领域，也可以实现国家特殊规制或实施国家特殊管理股制度。特殊规制可以体现在进出口制度、行业规制、企业章程等各个方面，如对军工企业，可以采取派驻军代表的制度，对军工产品出口也可以制定特定的出口制度。特殊管理股或“黄金股”可以使政府对特定事项行使否决权，防止恶意收购和接管，确保企业发展不偏离利于国家整体利益和战略的方向。特殊管理股可通过立法、公司章程等方式实行，在实际应用中要慎重——必须要遵循“四特”原则：特定行业、特别领域、特定企业、特殊事项。

表5–2总结了我国国家战略已经明确了的国有经济布局的重点领域，可以作为国有经济布局优化、结构调整和战略性重组的参考导引。

表5-2　我国国有经济的重点布局领域

	国有经济重点布局领域
公共服务	水、电、气、油（网络型环节），公共交通与基础设施，邮电
民生领域	安居（棚屋改造工程等）、康养、帮扶
战略性、前瞻性产业	5G、集成电路、新能源（汽车）、新材料、生物、数字经济、高端装备制造、航天装备、海洋工程装备、高技术船舶
“卡脖子”关键领域	高端芯片：顶级光刻机、设计仿真软件、光刻胶 核心软件：操作系统、数据库管理系统、核心工业软件、轨道交通装备产业的运行控制系统 关键材料：航空材料、高强度不锈钢、航空钢材 基础零部件、元器件：超精密仪器、工业母机（数控机床母机）、航空发动机、触觉传感器、真空蒸镀机、轨道交通装备产业的轴承、电力装备产业的燃气轮气热部件
生态环境保护	环保、节能、生物质能源、绿色经济、低碳经济、循环经济
支持科技进步	节能环保技术、新一代信息技术、生物医药
保障国家安全	军工、战略储备（粮食、石油）

资料来源：作者根据相关资料整理。

（三）制定国有资本配置规划和路线指引图，探讨国有资本在各重点领域的持股目标区间

在白名单中（如战略性新兴产业、科技创新、环境保护、公共服务等），区分需国有独资、国有绝对控股、国有相对控股的领域，明确各领域国有资本持股的目标区间，特别是从提升国有资本经营效率角度，明确国有资本持股的区间上限。凡不在白名单内的产业，均为商业性领域，可以纯财务投资为目标，原则上不谋求控股地位；国有资本要以持股比例为限、通过公司治理渠道行使股东权利，不干预企业日常经营管理。

制定国有资本配置规划，对国有资本进行盘点和再配置，提供资本规制规划和路线指引图，指导比例调整。对当前整体国有资本规模与分布进行盘点，对应白名单中的目标比例区间，对国有资本进行各产业、各领域的再配置，引导将各领域国有资本持股比例调整至合理区间。

需要强调的是，上述工作，应适应环境变化、国家战略调整、科技革命和产业变革等，适时动态调整。

（四）与时俱进、动态调整国有经济布局领域

当前和未来相当长一段时间，国际政经格局风云变幻，新一轮科技革命和产业变革风起云涌，数据成为重要生产要素，“云大物智”（云计算、大数据、物联网、人工智能）技术蕴含巨大发展潜能，“两个大局”“双循环”向国有经济提出新要求、提供新机遇，也带来新挑战。为此，应适应时代变化，与时俱进地调整我国“重要行业和关键领域”的具体行业清单，完善国有资本布局的动态调整机制，根据国家经济社会的发展动态调整“重要行业和关键领域”的具体行业清单。

（五）更主动、积极地促进国有资本流动和调整

重点工作有四项：一是积极推动国有企业集团整体上市或核心资产上市，提高国有资产证券化的比例；二是完整发挥国有资本投资、运营公司在调整存量、优化增量方面的实质性功能作用；三是利用国有资本基金化更好发挥市场化机制落实国家战略的功能作用；四是完善国有资本经营预算制度，引导和推动国资布局优化、结构调整。

四、提高国有资本集中度，优化资本结构

（一）在各重点产业内部，要推动国有资本向头部企业集中

提升规模优势，增强各重点领域头部企业的国际竞争力和服务民生的能力与水平，为培育世界一流企业创造环境和条件。同时，也需要平衡好提升国际竞争力与发挥市场决定性作用之间的关系，特别是对于涉及终端消费的企业，在推进过程中要尊重市场、行业的发展规律和企业的实际状况，根据企业发展阶段与国家战略需要，严格论证结构调整的相关政策与方案，尽量减少对民生终端消费的影响，避免“与民争利”。

（二）在国有企业内部，优化股权结构，进一步提升公司治理和经营管理的科学性和现代化水平，促进传统国有企业转变经营机制

要围绕国有经济布局优化、结构调整和战略性重组这一重点改革任务，与发展混合所有制经济等相关改革相结合，以股权结构调整促进治理结构优化，混改促进传统国有企业转变经营机制，进而促进决策机制等调整优化。

股权结构的设计，重点考虑几个关系：国有资本持股比例；员工持股比例、方式等；战略或财务投资者持股比例。重点关注股权比例的1.0%、3.0%、5.0%、10.0%、33.3%、50.0%和66.7%这七个关键点。其中：股比达到10%，拥有股东提议权，可以提议召开临时股东会、董事会、监事会，申请解散公司，申请调查报表（《中华人民共和国公司法》第101条、110条和183条）；股比超过33.3%，拥有否决权，可以否决董事会的决策；股比超过50%，拥有对公司的绝对控股权和相对控制权，可以对重大决策进行表决（股东大会决议，除了重大决议都是过半数通过，《中华人民共和国公司法》第104条）。

在上述基础上，一要完善公司治理体系，进一步明确“三会一层”的权责界限，落实各责任主体职权；二要提升经营管理的科学目标规划意识，更加注重资产质量、资本回报、内涵式发展，更加注重国有资本的优化配置，实现国有资本的形态转换。

（三）按照分类改革原则，重点推进商业类国有企业改革

我国已经基本完成国有企业分类的基础性工作，中央企业主要分为商业类和公益类。地方国有企业分类略有不同，如上海市将国有企业分为竞争类、功能类、公共服务类。对于大型国有企业特别是大型中央企业，内部业务结构可能存在较大差异，分类还需要进一步细化。在完成分类并予以公布明确的情况下，进一步推进各类企业深化改革、分类改革、分类考核。建议重点推进商业类国有企业的改革，以此为突破口实现从“管企业”向“管资本”转变。可考虑引入竞争中性原则并尽快制定、明确和实施其细则，主要针对目标也是竞争性领域，推动竞争性领域国有企业改革取得新的实质性、突破性进展。

改革的重点和难点，是承担公益职能的商业类国有企业。有些国有企业承

担部分公益职能或承担一些公益事项，如果处理不好，可能对影响企业公平竞争。对于此类企业或事项，应建立“公开、合理”的成本补偿制度，在分类分层改革的基础上，还要分类核算——将公益性业务账目与经营性业务账目透明化、清晰分开，既明确权责、调动企业的积极性，也有利于市场公平竞争。

同时，与国有资本授权经营体制改革相结合，提升国有资本投资、运营公司的“管资本”能力，促进从“管企业”向“管资本”转变，实现国有资本所有权与企业经营权的分离，实行国有资本市场化运作，促进国有经济布局优化与结构调整。

第六章
完善国有经济布局优化和结构调整的政策建议

20世纪末，针对我国国有经济战线太长、国有资本分布太散的问题，国家提出从战略上调整国有经济布局。经过二十多年的努力，国有资本逐步向关系国家安全、国民经济命脉的重要行业和关键领域集中，但布局过宽过散的问题依然存在，公共服务和产业引领等功能尚未有效发挥。这既有体制上缺乏系统、明确的国家所有权政策的影响，也有缺少布局调整主体和市场主体缺乏调整意愿等原因。

未来战略性调整国有经济，既要充分考虑国有资本的复杂属性，赋予不同类型国有资本不同功能，同时也要利用国有资本投资、运营公司加快调整存量国有资本。更重要的是，为使体制改革到位、机制改革生效、机构改革做实，要完善相关政策环境。

一、深化国有经济布局结构调整与全面深化改革深度结合

（一）与以“管资本”为主的国资监管体制改革相结合

国资管理体系可建立三层次的国有资本管理和运营架构。

第一层是国家所有权管理，在国家层面设立“国有资本管理委员会”（下称“管委会”，国企改革领导小组实际上已经承担着部分这方面职权），负责制定所有权政策、推动国有产权立法、审议国有资本资产负债总表和年度经营预算，以及统筹国有资本收益分配和任命国有资本投资、运营公司董事和董事长，批准公司章程等。“管委会”委托国有资产监管机构或特定部门对国有资本投资运营机构行使出资人职能，并委托第三方专业机构对其业绩进行审计和评估。

第二层是国有资本投资运营机构，包括国有资本投资、运营公司和各类国家层面的基金等。此类机构受国资股东委托，市场化经营国有资本，是独立的金融或类金融性商业实体。该类机构以财务收益为考核导向，负责对持股的各类国有资本的运作管理，通过调整资产配置、优化投资组合实现投资收益目标。

第三层是投资运营机构持股或控股的各类混合所有制的股份公司，这些公司在《中华人民共和国公司法》框架下开展独立运作，以为股东创造更大价值为目标。国有股东与其他股东都以持股比例为限行使股东权利，不干预企业正常经营管理。

（二）与供给侧结构性改革相结合

2015年党中央决定实施供给侧结构性改革以来，取得了重要阶段性成效。其中，国有经济发挥了重要的引领作用。2018年末召开的中央经济工作会议提出，我国经济运行主要矛盾仍然是“供给侧、结构性”，必须坚持以供给侧结构性改革为主线不动摇，更多采取改革的办法，更多运用市场化、法治化手段，在“巩固、增强、提升、畅通”八个字上下功夫。

因此，国有经济布局优化和结构调整要与供给侧结构性改革相协调，以市场化手段，巩固“三去一降一补”成果，加大破、立、降力度，促进重点行业供求关系发生明显变化；提升供应链战略管控能力，注重利用技术创新和规模效应形成新竞争优势，加快改造传统产业，促进新动能成长，培育和发展新产业集群。

（三）与创建世界一流企业相关工作相结合

党的十九大报告明确提出了创建具有全球竞争力的世界一流企业的目标。国务院国资委据此部署，重点建设“三个领军”“三个领先”“三个典范”型企业①。

国有经济布局优化和结构调整，要与创建世界一流企业相结合，为创建具有全球竞争力的世界一流企业培育良性的发展环境，推动国有企业优化业务布局、组织架构、管理模式和运营体系，把握、适应国际规则，“走出去”合规经营、参与国际竞争，提升全球竞争力和影响力。

二、建立健全体制机制，消除制度障碍

（一）健全授权与激励机制建设，以“松绑”促国有经济布局优化和结构调整

一是研究制定国资监管权责清单，国资监管机构依法规范履行出资人职责，切实保障企业经营自主权。权责清单要充分体现国资监管部门“该管的管住管好，不该管的坚决放权”的要求，一方面，明确对出资企业国有产（股）权转让、出资企业改制、上市公司国有股权管理、非主业投资、海外投资、年

① 即在国际资源配置中占主导地位、引领全球行业技术发展、在全球产业发展中具有话语权和影响力的领军企业，在全要素生产率和劳动生产率等效率指标、净资产收益率和资本保值增值等效益指标、提供优质产品和服务等方面的领先企业，在践行新发展理念、履行社会责任、拥有全球知名品牌形象的典范企业。

度财务预决算等具体事项进行审批（审核）；另一方面，按照简政放权、放管结合、优化服务的要求，取消、下放、授权一批重点事项，将企业投资计划、主业投资项目、职工监事董事选举结果等事项由审批调整为备案，将子企业股权激励方案审批等管理事项归位于一级企业，将部分出资人权利通过授权下放给合格的国有资本投资、运营公司行使。通过职能调整和授权，促进国有企业真正成为独立市场主体。

二是建立健全对当事企业和关键岗位人员的激励机制。企业之间主动的兼并重组行为，要重视激励当事企业和关键人员。对企业而言，核心是尊重市场规律，提升企业自身寻求变革的主动性。对员工来说，要改善激励机制、完善考核机制，积极推进混改和员工持股，增加市场化选聘比例、探索建立职业经理人制度，释放“人”干事创业、创造创新的积极性。

三是建立健全试错、容错机制，解除改革者的后顾之忧。对按照国家政策方向、大胆改革创新的行为充分授权，对于主动探索作为的要给予充分的试错容错空间，消除真正改革者的“后顾之忧”。具体到国有经济布局结构调整工作，一方面，要平衡风险与收益之间的关系，明确不同领域的风险收益特征，区分不同领域的风险容忍度，针对不同风险容忍度领域划定不同的容错空间；另一方面，要优化考核机制，对国有经济布局优化和结构调整的考核，应有更长远的眼光，关注是否按照国家战略部署、是否以科学手段开展改革，减少对短期收益和风险的过度关注，为创新与探索行为提供足够的成长空间。

（二）提升国有资本流动性，健全国有经济动态调整机制

一是加快推进国有资本布局调整，更好发挥国有资本的作用。此项工作与国有资本管理体制改革、混合所有制改革等多项改革密切相关。其中，国有

资本投资、运营公司在国有资本布局调整中发挥关键性作用，国有资本投资、运营公司必须发挥专业化优势，按照以市场为导向、以企业为主体的原则，通过资本的专业化运作，实现国有资本的布局优化。各项改革措施具有高度相关性，需要协调统筹推进。同时，在企业层面，还要强化考核的指挥棒作用，正确引导企业加强业务布局调整。

二是推动国有资产的资本化，完善国有资本产权交易市场，提高国有资本流动性。在竞争性领域，积极推动企业上市，通过证券化的形式实现国有资产的资本化，并在避免引起证券市场大幅波动的前提下提高国有资本流动性；在重点领域，探索国有资本的基金化，在体现国有资本政策性功能的同时兼顾财务收益，提高对国有资本投资效率的约束。在短期难以证券化的领域，探索利用产权交易市场、以财务收益为导向提高国有资本流动性。

三是做实国有资本投资、运营公司，以财务收益为导向，提升国有资本经营效率。“两类公司”要进一步明确定位，以获取财务收益为主要目标（特别是运营公司），对其考核也以财务收益为主，促进“两类公司”按照市场规律调整国有资本布局。

四是企业层面大力推动混合所有制改革，促进不同所有制资本之间的良性互动，也为国有资本的有进有退提供发展空间。推动一般竞争性国有企业的混合所有制改革，引进社会资本，提高国有资本经营效率，为后续国有资本的有序流动提供更多潜在交易对手和更为市场化的定价机制。

五是重点领域推动国有企业以市场化方式开展战略性重组和专业化整合，提升规模效益和竞争力。对经科学论证认为国有资本需控股或者应由国有资本主导的重点领域，推动企业以市场化方式开展战略性重组和专业化整合，通过“强强联合”“优势互补”“产业链整合”等方式，提升国有资本对重要领域的控制能力。

（三）加强风险防控体系和风险管理机制建设，切实防止国有资产流失

一是深化市场化改革，提升国资交易透明度。一方面，要大力推动相关交易市场建设，引导国有企业通过证券交易市场、产权交易市场等公开市场开展公平交易，提升国有资本流动性；发挥市场定价功能，提升国有资本流动的透明度与公开性，防止国有资产流失，实现国有资产保值增值。另一方面，要加大国有资本证券化力度、提升资本市场监管效率，让更多国有资本在阳光下流动，减少内部交易和非市场定价。

二是统筹协调各类监督力量，形成监管闭环。加强国有企业内部监督、出资人监督和审计、纪检监察、巡视监督以及社会监督的协同，整合企业内外部监督资源，增强监督工作合力，形成监督工作闭环，加快建立全面覆盖、分工明确、协同配合、制约有力的国有资产监督体系，既避免监督空白，也避免重复监督。

三是健全违规责任追究制度。实行重大决策终身责任追究制度，严格执行国有企业违规经营投资责任追究制度，建立健全分级分层、有效衔接、上下贯通的责任追究工作体系，严格界定违规经营投资责任，严肃追究问责。

三、加强目标管理及科学规划

（一）根据国有经济布局战略确定调整范围

根据国有资本配置规划，合理确定开展调整的企业范围。国有经济布局优化、结构调整与战略性重组，关键在于通过战略性调整优化产业结构，转变经济增长方式，提高国家经济竞争力。因此，在进行整体规划时，需紧盯战略目

标，只有通过调整与重组有利于优化产业结构、提高服务国家战略能力的才纳入考量范围。

（二）建立健全论证、评估与跟踪的体制机制

一是建立健全基于全周期的政策评估机制。过去的国资国企改革发展一定程度上存在着重政策制定与执行、轻政策评估的现象，尤其是对新政策出台后可能带来的一些负面影响预测不足，结果导致政策“朝令夕改”或者出现“翻烧饼”现象，增加了国资国企改革的交易成本和机会成本。为此，国有经济布局优化和结构调整，要建立健全政策性文件在制定、审查过程中的事前调研，在发布、执行过程中的事中监督，以及在政策实施后的事后评估机制，提升政策制定的科学化水平。注重发挥第三方机构作用，邀请智库、相关企业等参与到政策制定、执行和评估的全生命周期过程中，对重大政策进行研讨、考察和评价。

二是建立健全调整和重组效果评估与跟踪机制。国有企业重组不仅要资本合、资源合、组织合，而且要理念合、战略合、管理合，防止“重重组轻整合”和“貌合神离”，促进调整和重组以后的整合。因此，要对重组和调整后的企业进行长期动态跟踪，定期对重组整合成效进行评估，并将评估结果与考核挂钩，促进重组后的国有企业在“物理变化”的基础上实现“化学反应”。

四、国有经济要适应重大环境变化，更积极地实施布局战略性调整

国有经济战略性调整仍然任重道远，必须对大量、长期沉淀在传统产业的国有资本开展市场化导向的有序调整，更好地服务国家战略、支持公共服务、

支撑建设现代化经济体系、响应高质量发展要求。

从中央到地方，国有经济布局调整改革方案都要求优化国有资本布局，实现国有资本有进有退；引导国有资本向关键领域集中，提升国有企业在产业链、价值链中的位置；完善国有资本退出机制，推动国有资本有序退出不具备竞争优势、产能过剩及无法有效发挥作用的行业和领域；加快集团层面与竞争类企业的资源整合步伐，实现资源的优化配置，增强国有企业实力。

在地方上，多地均提出提高国有资产证券化率，并给出明确的比例指标。此外，多地均提出将国有资本集中到关键领域，虽然各地对关键领域定义各有差别，但北京、上海、江西、甘肃、江苏、重庆、四川、青海等省份均不约而同地将国有资本集中在关键领域的目标比例底线设定为80%。

（一）明确国家所有权政策，促进国有经济布局优化、结构调整

在明确国家所有权政策体系的框架下，制定国有企业国家所有权权益实现机制的制度安排；国家所有权机构行使股东职责，可考虑建立和完善股权管理制度和专职股权董事制度，实现国有资本的人格化；建立和完善企业分类管理和考核体系，对国家出资企业实施分类管理和考核。

（二）在布局和结构上对国有经济战略性调整作出制度性安排

随着市场经济发展、技术进步和产业变革，需要对当前历史时期关系国家安全和国民经济命脉的“重要行业和关键领域”，以及“其他行业和领域”的产业政策和依据作出细化的具体定义，国有经济在各个产业的布局，以及通过资本运作在相应企业股权结构上的适度安排（独资、绝对控股、相对控股、参股、退出）。

（三）实施国有资本有序进退和国有企业的股权结构调整

国有经济布局和结构的调整主要通过“完善国有资本有进有退、合理流动的机制”来实现。“有序进退”指的是国有资本投向的调整，不同领域内的国有企业需要区别具体情况实行相应的股权政策，国资管理体制要通过市场机制进行资本运作，作出具体的股权安排和通过市场机制实现。未来需要明确国有资本落实到具体国有企业的股权政策，尤其是明确竞争性领域国有企业的股权政策，为产业结构的优化调整、企业机制的转换转变，提供导引。

（四）完善国有经济布局优化、结构调整机制，明确调整政策制定和实施的主体及其责任

与国有资产有关的公共政策包括国家所有权方针、国有经济布局结构调整政策和规划、基于公共政策（包括反垄断政策、竞争政策、创新政策、产业政策、规制政策）的国有资产的结构调整政策等。这些公共政策，决定者是国务院，方案提议和监督者应是政府有关公共政策的负责机构或包括相关机构的联席组织，与股权资本、资产变动有关的政策执行者是国有资本的出资人机构。

（五）加快推进垄断行业改革

如以七大重点领域为主实施混合所有制改革，以实现产业和产权的双重开放。一些战略性行业并不是全行业的自然垄断属性，在产业链中主要应是资源性和网络性控制，而产业链中其他部分的竞争环节可以放开。要避免垄断行业的国有企业利用行政配置资源和投融资条件优势，延伸发展到竞争领域的主营业务盲目多元化；禁止一些处于自然垄断领域的企业扩大垄断范围，把与自然垄断相关的业务泛化为垄断领域；避免这些企业利用有控制权的供应商或发包

商地位控制市场，偏离市场配置资源的基础和公平竞争的市场机制。

（六）建立覆盖各类国有资本的股权管理体制

一方面，要推进经营性国有资产的统一监管；另一方面，解决谁来“监管”的问题，并落实谁来真正行使国家股东权利和进行资本运作。

（七）与完善国资管理体制、发展混合所有制经济和资本市场发展相结合

调整国有经济布局要注意与完善国资管理体制、发展混合所有制经济、发展资本市场相结合。

五、国有资本要在解决产业体系“缺芯少魂”难题和突破“卡脖子”技术瓶颈等方面发挥作用

在今后相当长的一段时间，我们还需要聚精会神搞建设、谋发展，尤其是要以“科技决定国运”的认识，切实深化科教体制改革，踏实推进科教兴国、人才强国、创新驱动发展战略，强化基础领域研究，解决“卡脖子”关键技术难题、攻克产业体系“缺芯少魂”难题，抓住新一轮科技革命和产业变革带来的“换道超车”和“弯道超车”机遇。在当前的国际政经格局下，国有资本要加大在创新性、战略性领域的布局，在重要产业的核心技术、共性技术、关键零部件等“卡脖子”环节，充分发挥国有资本难以替代的引领作用。

“十四五”期间，要从利用国有企业促进创新向利用国有资本促进创新转变。国有资本应紧紧围绕国家战略重点，发挥在新兴产业培育、知识产权保护、企业品牌建设等方面独特的引领作用，为我国在当前国际政经环境下，解

决产业体系“缺芯少魂”难题和突破“卡脖子”技术瓶颈，提供强力支撑。

发挥国有资本基金化支持创新的积极作用。对于一些风险大、周期长的创新，民营资本不愿进入或难以独立承受风险。过去我国曾设立一些国有企业开展创新，对支撑产业发展发挥了一定的积极作用。由于发展条件和环境的变化，未来应更多考虑资本投资的方式，包括风险资本或风险资本引导基金、产业投资基金或产业投资引导基金。一是充分利用专业投资的社会力量；二是分散单个项目失败带来的风险，获取“一篮子”投资的稳定收益；三是建立高激励的机制调动创新投资的积极性。国有资本基金化支持创新，有利于发挥国有资本的引导作用和基金的杠杆作用，方向正确、优势明显。必须认识基金的市场化、专业化和高风险等特性，利用其在资本汇聚、风险分散、信息揭示和激励约束等方面的机制优势，加强国有资本基金化支持创新的统筹协调，去行政化、取市场化，加大对种子期、初创期创新型企业的支持，进一步发挥国有资本基金化促进创新的积极作用。

六、大型国企要在构建国家协同创新生态系统中发挥积极作用

我国企业创新的活力和能力不断增强，面临着新的机遇与挑战。其中，大型国企具有集成创新能力明显等优势，而且还是技术创新的重要用户，可以为技术创新提供应用市场，在促进构建国家协同创新生态系统中可以发挥积极作用。

这要求大型国企在坚持市场化改革方向的前提下，利用好自身具有的资源优势、长期积累的技术体系与人才储备以及开展集成创新的能力，与集中力量办大事的新型举国体制有机结合，积极参与构建以市场机制为主的多主体协同

创新系统，实现政企合作、区域协调发展、国内外联动、产学研用相结合。

创新主体的活力既与组织自身的结构、技术与机制有关，也与外部环境相关。进一步激发创新主体活力，需要继续深化改革和完善政策，包括：建立适应创新需求的企业制度，深化国有企业改革，促进企业创新；建立公平竞争的市场环境，加快行业监管转型；构建应用研究体系支持企业创新，既要设立新机构又要建立新机制。重要工作包括以下4项内容。

（1）从股权激励着手增强企业创新动力。股权激励对企业创新有显著促进作用。科学合理的股权激励既可在短期容忍创新失败所带来的风险，又能激励长期创新行为。

（2）促进国企更加重视渐进式创新和基于平台的开放式创新。我国创新基础比较薄弱，相应更加重视渐进式创新（渐进式创新一般在现有资源和用户基础上不断改进技术，突变式创新则会导致企业原有生产资源沉没或者主要格局发生改变）。大型国企需要适应国家创新政策导向，持续推进渐进创新，通过量变实现质变，提升国家整体创新实力。具有网络效应的创新平台可集聚各类颠覆性创新成果，持续激发体系创新活力。应鼓励传统国企从过去重视物质资源转向更加重视基于平台的开放式创新。同时，从战略高度重视并利用好全球创新资源与中国产业对接的机会，鼓励和支持国企深度利用国际创新资源。

（3）支持和鼓励国企抓住智能化机遇促进企业转型升级。智能化导致传统制造业逐步具有了部分信息产业特性，开始表现出规模经济和网络效应，为我国企业转型升级提供了巨大机遇。过去大量布局于传统制造业的国有企业需要积极应对：一是积极改善人力资源结构；二是加快信息基础设施建设；三是发挥自身优势，积极参与制定和完善智能化相关的技术标准和法规。

（4）支持和鼓励大型国企积极参与构建应用型公共研究体系，促进创新发展。我国应用型公共研究体系经历了从立到破、再重新探索的过程。在当前创新发展的新形势下，产业转型升级和企业创新发展对应用研究的需求越来越大，而我国企业大多综合实力相对较弱，多数自身无法承担应用研究的任务。应用型公共研究不足已成为我国技术创新链的一个短板。重建我国应用型公共研究体系变得既必要又迫切。重建我国应用型公共研究体系要坚持以企业为主、活力优先的原则，发挥大型国企人才积累、经验丰富、集成创新能力强的优势；发挥从科研院所转制而来的科研型国企在共性研究领域的积极作用，处理好应用研发资源存量与增量的关系，创新应用研发机构的体制机制，既建机构又建机制，形成一个多头并举、共同参与、充满活力的应用研究体系，为产业和企业提供强有力的技术支撑。

七、探索确立竞争中性原则并明确其具体规则

竞争中性原则起源于竞争政策，是实现公平竞争的重要基础。不同国家和地区根据本国和本地区的实际情况，对竞争中立的内涵作出不同的界定，但其基本含义是一致的——在竞争性领域，政府保持中立立场，让各类企业公平竞争，实现优胜劣汰，提升经济的发展质量和整体效率。

竞争中性原则与我国国有企业改革的思路一脉相承，引入竞争中性原则符合高质量发展、供给侧结构性改革深入推进和落实创新驱动发展战略的要求。此外，引入竞争中性原则是进一步促进国民共进、协调发展的要求，是推动形成全面开放新格局的需要。

有鉴于此，可以探索研究明确竞争中性的具体规则，建立更为公平、有助于促进竞争的政策环境。可按照中央相关要求，借鉴国际经验，结合我国的实际情况，按照“三公一平一同”的原则，研究制定我国落实竞争中性原则的具体规则。一方面，建立竞争中性原则的实施制度，明确实施对象、实施机构、

实施机制等，可以考虑将竞争中性原则纳入公平竞争审查制度；另一方面，明确竞争中性原则的行为规则，如对国有企业承担的公益职能给予公开透明的合理补贴、不同所有制类型企业在同等条件下公平竞争等。

八、加快从“管企业”向“管资本”的转变

一是继续推动国有资产监管机构职能转变。调整国有资产监管机构的职责定位，将国有资产监管机构承担的公共管理职能，归位于相关政府部门和单位，不行使政府公共管理职能；不干预企业自主经营权，将依法应由企业自主经营决策的事项归位于企业，将延伸到子企业的管理事项归位于一级企业。

二是做实国有资本投资、运营公司，成为国有资本市场化运作的专业平台。建立国有资本投资、运营公司是国有资产管理体制改革的重要环节，有利于实现国有资本所有权与企业经营权分离，实行国有资本市场化运作。重点是厘清国有资本投资、运营公司与国资监管部门、持股企业的关系，让国有资本投资、运营公司真正发挥“隔离层、防火墙、转换器”作用。

三是大力推进混合所有制改革，完善公司治理。通过深化国企混合所有制改革，推动完善现代企业制度，健全企业法人治理结构；提高国有资本配置和运行效率，优化国有经济布局，增强国有经济“五力”；对于商业类企业，应更加重视集团层面的混合所有制改革；对于已经实现混合所有制改革的企业，应加快向“管资本”的方式转变，探索对混合所有制企业实施差异化监管，促进传统国企通过股权改革推动机制改革。

中篇　国有企业战略性重组和专业化整合

我们首先明确一下兼并、并购、重组、整合几个概念。

兼并是指通过产权的有偿转让，把其他企业并入本企业或企业集团，使被兼并的企业失去法人资格或改变法人实体的经济行为。兼并又可被分为吸收兼并和新设兼并：吸收兼并指被吸收的企业转移其资产到吸收企业，兼并后仅存吸收企业，被吸收企业注销；新设兼并即创立一家新企业，兼并两方资产全部转移至新企业，之前的两家企业均注销。

并购一般指兼并和收购。兼并可分为吸收兼并和新设兼并，具体概念上文已经界定；收购是指一个公司通过产权交易取得其他公司部分或全部控制权，以实现一定经济目标的经济行为。

重组指企业以资本保值增值为目标，运用资产重组、负债重组、产权重组等方式，优化企业资产结构、负债结构和产权结构，以充分利用现有资源，实现资源优化配置。重组主要包括：出售或终止企业部分经营业务；对企业组织结构进行较大调整；关闭企业部分营业场所，或将营业活动由一个国家和地区迁移到其他国家和地区；股份分拆、合并、资本缩减（部分偿还）以及名称改变等。企业重组有合并、兼并、收购、接管或接收、标购、剥离、售卖、分立、破产九种方式。

整合是指企业在兼并或并购重组之后，两家企业在营运、组织、资源和文化等各个方面进行融合。主要包括经营战略、人力资源、组织与制度、资产债务、财务、文化等方面的整合。

第七章
引导和规范国有企业开展战略性重组与专业化整合

国有企业的兼并重组自计划经济时期便已开始。本文着重讨论改革开放后的国有企业兼并重组情况，而又以党的十八大以后的国有企业兼并重组为重点。

一、国企兼并重组的历程、现状与成果

总的来看，我国2012年以前的国企兼并重组，以行政推动为主。大致可分为四个阶段：改革开放前的行政性关停并转重组（20世纪60—70年代）、改革初期政府直接推动的重组（20世纪80—90年代初）、改革深入期进行国有经济战略性重组（20世纪90年代中期—21世纪初）和国资委指导下的国企兼并重组（2003—2012年）。

当前随着全面深化改革、特别是国企改革发展的深入推进，国企兼并重组进入了新阶段。新一轮的国企兼并重组，尤其是央企的结构调整与重组，坚持五项基本原则：服务国家战略、尊重市场规律、与改革相结合、严格依法规范、统筹协调推进。

形成了四条主要思路：突出战略规划引领、扎实推进战略性重组、积极推进专业化整合、稳步开展国际化经营等优化国有经济布局。

探索出了六种主要的国企兼并重组模式：横向强强联合构建巨型企业，纵向业务协同，资产转让，共享竞合，组建国有资本投资、运营公司和“走出去”海外并购。

形成了国企兼并重组的三种主要典型模式：产权无偿转让、双方联合重组后更名（新设合并）、集团公司与上市公司同步整合。

积累了国企兼并重组与供给侧结构性改革相结合、与“一带一路”倡议相结合、与做强做优做大国有资本相结合等经验。

新一轮国企兼并重组的最主要推动力仍然来自国家战略部署与政府意志。同时，中央企业主体基于自身对市场的判断所表达的意愿和需求也是央企重组的重要考虑之一。

从成效来看，一是优化了经济布局与产业结构；二是推动了化解落后过剩产能；三是减少了恶性竞争和重复建设；四是提升了国有企业的规模实力、间接提高了国际竞争力；五是有利于优化国有资本布局结构与提升国有资本经营效率；六是中央企业布局结构得到优化。

二、代表性省份和典型行业国企并购重组的经验与借鉴

上海以开放性市场化并购重组为主要导向，坚持一条主线、两大核心、两大战略、三大原则，采用三大并购重组模式和运用三大内部治理举措，2013年以来累计完成16组27家企业系统内外联合重组，市国资委系统企业从56家调整为43家。成效主要表现为：国有经济质量效益显著提升、经济社会效益联动发展、国资布局结构持续优化、国企持续做优做强做大。

山东省国企兼并重组主要有以下四条经验：一是改组和新设国有资本投资运营平台，以平台为基础进行并购重组；二是加速国资优化布局；三是借助资本市场推进并购重组；四是完善企业内部治理。

重庆市国企兼并重组主要有以下三条经验：一是将现有国企股权划入改组或新设的国资投资运营平台，以平台为基础进行并购重组；二是充分运用资本市场手段；三是加快国资优化布局。

三、在线调查和问卷调查反映了社会各界对国企兼并重组的看法与意见

我们基于在线调查和问卷调查，了解社会各界对国企兼并重组的看法与意见。调查重点面向中央和地方国有企业中高层管理人员，其中中层及以上占比近九成，能够对近年来国有企业兼并重组取得的成效及面临的问题作出较全面的认知和评价；六成受访者对国企兼并重组有相当了解，近半数受访者参与或从事过相关研究。

受访者对国企兼并重组的基本评价是：在企业运作层面，有助于提升资源整合和市场竞争能力；在社会效益层面，有利于提高产业集中度和国际竞争力。

受访者认为国企兼并重组面临的主要问题有：盲目追求做大、行政化导向明显、推进效率不高、“整而不合”、内部活力不足等。

受访者也提供了“更加重视重组的市场化导向，更加重视重组的效果和质量，更加重视提高综合竞争力”等相关建议。

四、国企并购重组面临一些亟待解决的问题

一是国有企业兼并重组中的市场与政府的关系有待完善，还存在国企兼并重组中仍然以行政手段为主、忽视市场规律的问题，国企兼并重组中的过长行政审批增加了制度成本和机会成本，部分行业还存在国企兼并重组的“翻烧饼”问题。

二是还存在重规模轻效率、重重组轻整合导致“大而不强、整而不合”问题。

三是存在造成潜在的新的垄断等“逆市场化”问题。

四是国有企业“走出去”海外并购重组带来一些新问题。

具体可见中篇“报告四”内容。

五、八条引导和规范国有企业兼并重组的政策建议

基于对上述情况和问题的梳理与分析，我们提供了八条引导和规范国有企业兼并重组的政策建议。

一是要调整并优化国企兼并重组的目标和原则。建议国企兼并重组、特别是央企的重组整合要以服务国家战略、提高国家经济整体竞争力和国际竞争力为目标；坚持四项原则：服务国家战略与尊重市场规律相结合，国企兼并重组与国企改革相结合，严格依法规范，统筹协调推进；构建两条主渠道：以质量效益为导向、培育具有全球竞争力的世界一流企业，优化经济布局结构、淘汰落后过剩产能。

二是决策时做到国家战略与市场机制相结合，实施中发挥市场在资源配置

中的决定性作用。

三是建立健全体制机制，消除制度障碍。如深化国企兼并重组工作的领导与服务机构建设，建立健全国企兼并重组的论证、评估与跟踪的体制机制。

四是优化国企兼并重组的方式方法，如做好兼并重组前的准备工作，强化资本市场的定价和交易功能，与发展混合所有制经济、与大中小企业协同发展和融通发展相结合，探索并推广国企兼并重组的成功实践经验。

五是更加扎实地做好国企兼并重组中的四项工作：更加聚焦提升竞争力，扎实推进战略性重组；更加注重重组质量效果，加快推进内部资源重组；更加充分发挥产业协同作用，稳步推进企业重组整合；更加关注产业发展方向，积极推进新业态新领域重组并购。

六是高度重视企业兼并重组后的内部整合工作。如打好实质整合的体制基础和思想基础，全面优化业务布局，稳步推进企业融合，注重提升创新能力。

七是加强对国企海外并购的规范与引导。如坚持提升国家经济竞争力和服务国家战略目标，健全国有资本管理体制、完善国有资本经营机制，提升国有企业海外并购能力。

八是加强央企兼并重组的目标管理及科学规划。合理确定央企兼并重组的范围，弱化央企“数量论”，更加强调发展质量；打破“唯规模论”，转向效率优先。

第八章 国企兼并重组的历程（2012年之前）

国有企业的兼并重组自计划经济时期便已开始。本文重点讨论改革开放后的国有企业兼并重组情况。

20世纪80年代至90年代初期，我国国有企业的兼并重组主要由政府进行直接推动，在各地的改革探索中主要形成了“保定模式”和“武汉模式”等国企兼并重组的代表性模式[①]。无论是“保定模式”还是“武汉模式”，本质上都是由政府推动而完成的。因此，在20世纪90年代初期之前的国有企业兼并重组基本以政府行政意愿为主导。

20世纪90年代中期至21世纪初期，党的十五大之后国家开始重点着眼于调整国有经济布局结构，主要是对国有企业进行大规模、深层次的战略性重组，尤其是针对石油石化、电力、电信、煤炭、电子等行业的国有大型企业进行了一系列兼并重组措施，如债务重组、扩股融资、“以大带小”等。至2009年前后，以地方政府为出资人的地方国有企业已完成80%~90%的公司制、股份制改革，而以国务院国资委直接监管的中央企业行业分布仍然有待调整优化，企

---

① “保定模式”即由政府运用行政力量并以所有者代表的身份对企业的兼并重组进行直接干预；“武汉模式”则是在企业双方自愿的基础上推动企业重组，本质上也是由政府推动而完成的。

业规模和效率相对差异较大，这为之后的央企兼并重组“埋下伏笔”。

一、2012年之前中央企业的兼并重组

2003年国务院国有资产监督管理委员会成立后，中央企业兼并重组的步伐明显加快。国务院国资委成立后，积极推进央企布局结构调整，明确了央企优化重组的指导思路、目标、原则、方向、重点和途径，并在2005年完成的理论课题《关于中央企业国有经济布局和结构调整若干重大问题的思考》中提出了“五个优化”和“四个集中”：优化国有资本在有关行业领域的分布、优化在产业内部的分布、优化在区域间的分布、优化在企业间的分布和企业内部分布；进一步推动国有资本更多地向关系国家安全和国民经济命脉的重要行业和关键领域集中、向具有竞争优势的行业和未来可能形成主导产业的领域集中、向具有较强国际竞争力的大公司大企业集团集中、向中央企业主业集中。主要目标是通过优化重组，引导央企突出主业，提升国际竞争力。这些思路或多或少地融入或影响了后续出台的相关政策。

同时，在兼并重组过程中总结出了强强联合、优势企业兼并劣势企业、科研院所并入产业集团、非主业资产剥离等四种主要的央企重组操作方式。2006年，为了进一步规范和推动央企兼并重组工作的进行，国务院办公厅转发国资委《关于推进国有资本调整和国有企业重组的指导意见》，针对国有资本的优化重组提出了明确意见，2010年下发了《国务院关于促进企业兼并重组的意见》，针对2008年国际金融危机所带来的影响和当时所面临的国际环境变化，以及转变经济增长方式和加快产业结构调整等，进一步确定了国企重组的基本思路。表8–1列出了2003—2016年国有企业兼并重组的相关重要文件。

表8-1　2003—2016年国有企业兼并重组相关重要文件

序号	年份	文件	发布者
1	2003	《关于规范国有企业改制工作的意见》	国务院办公厅转发国资委
2	2005	《关于进一步规范国有企业改制工作的实施意见》	国务院办公厅转发国资委
3	2006	《关于推进国有资本调整和国有企业重组的指导意见》	国资委
4	2010	《国务院关于促进企业兼并重组的意见》	国务院
5	2012	《关于国有企业改制重组中积极引入民间投资的指导意见》	国资委（国资发产权）
6	2015	《关于深化国有企业改革的指导意见》	中共中央、国务院
7	2016	《关于推动中央企业结构调整与重组的指导意见》	国务院办公厅

资料来源：作者根据网络资料整理。

《关于推进国有资本调整和国有企业重组的指导意见》中提到“到2010年，国资委履行出资人职责的企业（简称中央企业）调整和重组至80~100家”，这是第一次在国务院文件中正式明确提出央企重组的时间表和任务表。同时，比较具体地明确了“到2008年长期积累的一批资不抵债、扭亏无望的国有企业政策性关闭破产任务基本完成”。

图8-1是国有企业兼并重组历史阶段示意图。

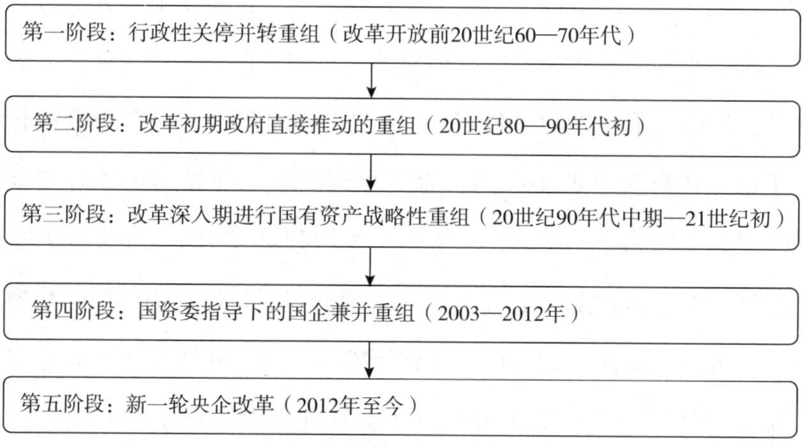

图8-1　国有企业兼并重组历史阶段示意图

资料来源：作者根据国务院国资委相关资料整理。

在国务院国资委的积极推动下，央企重组也取得了较大进展。国资委文件显示，2003—2011年央企数量由196家下降为114家，其中82家央企进行了各种形式的重组整合。央企数量减少，业绩有所提高，其资产总额由2003年的7.1万亿元增加至2012年的43.3万亿元，利润从2900亿元增长到13000亿元，具体见图8–2。上缴税额也从2915亿元增加到1.9万亿元。

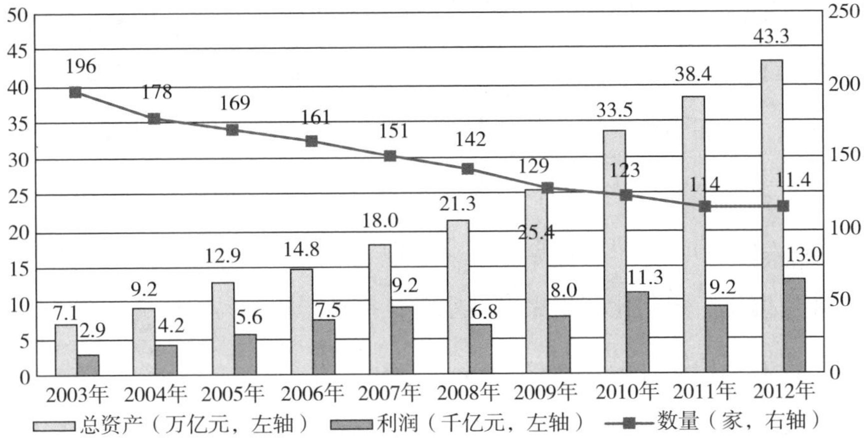

图8-2 2003—2012年央企兼并重组的进展

资料来源：作者根据国务院国资委相关资料整理。

二、2012年之前地方国企的兼并重组

2012年前，地方国有企业的兼并重组主要是针对资源密集型产业的结构调整与优化，其中较为典型的有煤炭产业和钢铁产业，如晋豫两省在2009年前后推进的煤炭产业兼并重组，冀鲁两省在同时期推进的钢铁产业兼并重组。除了相关省份积极推动在煤炭、钢铁等领域进行国有企业兼并重组外，上海、浙江、广东等地均出台了与本地国资国企发展情况相适应的国企兼并重组政策，并在政策指导下开展了相关工作。

上海市于2011年出台《上海市人民政府贯彻〈国务院关于促进企业兼并重

组的意见〉的实施意见》，提出“三个坚持”的原则——即坚持市场主导，发挥企业主体作用；坚持开放推进，提高资源整合能力；坚持依法合规，维护社会和谐稳定。在重点方向上，着眼于构建服务经济时代的产业体系，推进战略性新兴产业企业、先进制造企业和资源型企业兼并重组；推进“三高一低”企业通过兼并重组加快调整淘汰。在政策要点上，分别从消除企业兼并重组的制度障碍、加强引导和政策扶持、发挥金融和资本市场作用、完善行政管理和服务、营造良好环境等五个方面提出具体政策举措；同时，结合上海“四个中心”建设，更加强调发挥金融和资本市场支撑作用、提高行政管理服务效能的内容。主要目标是：从企业、产业和环境三个方面，通过兼并重组发展一批具有国际竞争力的企业集团；促进产业结构、组织结构和布局结构调整优化，提高产业规模化、集约化和集聚发展水平；推动产权交易、中介服务、金融支持、信息咨询等功能日趋完善。

广东省于2012年出台《广东省人民政府办公厅关于促进企业兼并重组的实施意见》。提出“以政府引导，企业为主体、市场运作，公平竞争、积极稳妥，确保稳定为原则”进行国企兼并重组工作。以汽车、钢铁、水泥、稀土、装备制造、生物医药、家电、食品、金融等产业为重点，促进优势企业兼并重组、联合重组，提高产业集中度，推动产业转型升级。引导兼并重组企业转换经营机制，完善公司治理结构，推进技术改造和自主创新，淘汰落后产能，促进节能减排，提高市场竞争力。当时提出到2015年，培育12家以上年主营业务收入超千亿元企业，以及一批具有核心竞争力的行业龙头企业和带动力强的本土跨国企业。

三、2012年之前国企兼并重组的特点

一是以行政力量为主导。2003年之后的国有企业兼并重组主要由国务院国

资委进行推动。为了解决央企资源配置效率较低、行业分布面整体过宽、广泛参与一般竞争性行业但关键行业集中度偏低、政企不分、人员冗杂、盈利能力及竞争力低下等问题，《关于推进国有资本调整和国有企业重组的指导意见》正式提出央企重组的时间表和任务表，即到2010年，国资委履行出资人职责的企业要调整和重组至80~100家。在明确的企业数量要求下出现了一批行政力量主导的国有企业兼并重组。其中典型案例之一是中国外运长航集团有限公司（简称中外运长航）的兼并重组。

专栏　中国外运长航集团有限公司的重组

2009年初中国对外贸易运输（集团）总公司和中国长江航运（集团）总公司进行重组，重组后的中外运长航主业是航运与物流，同时还有船舶重工等配套业务，将成为中国规模最大的综合物流服务提供商。原本计划2010年前完成所有的业务整合，打造一个综合物流服务以及航运为主体业务结构的航运巨头，但直至2015年两家企业仍然没有完成重组，重组前经营尚可的两家企业在长时间的重组内耗下出现了巨额亏损，尤其是长航油运和长航凤凰在重组后出现持续亏损，直至2013年，其5家上市企业亏损已过百亿元，造成中外运长航重组之后的最大亏损，而长航油运则于2014年被强制退市，成为第一家被强制退市的央企上市公司。

最终，两家企业的合并以2015年底中外运长航以无偿划转的方式整体划入招商局集团而结束。

当时《关于推进国有资本调整和国有企业重组的指导意见》，提出对国企重组及国有资本调整的指导意见，要求国有资本要向重要行业和关键领域进行集中，央企之间要加强联合以在三年之内做到行业前三名，否则国资委便会强制进行兼并重组。为了避免被并购，主营货代和物流的中外运和主营长江运力、造船行业的长航集团，这两个业务互补性并不强的央企迫于各自“压力”进行重组。一是行政干预下的重组，没有充分考虑企业自身的情况和意愿；二是两家企业对于重组后的企业主导权争夺不休，进而阻碍重组后的实质性整合。

资料来源：作者根据网络资讯整合而成。

二是横向重组与纵向重组相结合。2003—2012年进行兼并重组的80多家央企中，既有同行业企业之间或企业间相似业务板块的横向重组，也有按照产业链的相关性将某个行业中的上下游企业进行重组整合，达到延伸产业链、通过内部化降低企业生产成本的目的而进行的纵向重组。其中中谷粮油集团有限公司和中国华孚贸易发展集团并入中粮集团有限公司（简称中粮集团）、中国远洋控股股份有限公司和中国海运（集团）总公司的合并重组等属于横向的产业重组。中国土畜产进出口总公司并入中粮集团、邯邢冶金矿山管理局并入中国五矿集团公司等属于纵向兼并重组。在“减户数”的同时，通过横向与纵向的兼并重组，促进央企规模扩张，以提升竞争力和效率。

三是央企重组与地方国企重组相结合。2003—2012年的国有企业兼并重组中，以中央企业的重组整合为主，同时中央企业也积极参与地方国有企业的兼并重组，并一般处于主导地位。地方国企的兼并重组主要分为两类，一类是以提升地方国有企业在全国市场范围内的竞争力为主要目的；另一类是在很难将本企业做大做强到全国龙头企业的情况下，主动选择将控股权转让给中央企业，如三九企业集团并入华润（集团）有限公司等。中央企业和地方企业的兼并重组，目的是促进资源优化配置、优化产业布局、提升国有企业的竞争力，同时也有很强的时代背景和地域特征。

第九章
本轮央企兼并重组的现状和特点（2012年至今）

党的十八大以来，在《关于深化国有企业改革的指导意见》（以下简称中央22号文）的指导下，国企改革工作持续推进，在中央企业层面，央企间的战略性重组是一个亮点，主要的直接政策依据是《国务院关于进一步优化企业兼并重组市场环境的意见》和《关于推动中央企业结构调整与重组的指导意见》等一系列指导文件。

一、基本情况

2012年至今，央企重组整合的方式和力度都有较大提升，共出现了包括中国南车与中国北车、宝钢与武钢、中国远洋与中国海运、中国国电与神华集团在内的19组涉及36家中央企业的重组与整合案例。新设中国航发、中国铁塔两家公司。通过横向联合、产业链整合、专业化重组等方式，推动资源向优势企业集中。截至2018年1月底，中央企业由117家经过兼并重组，调整至97家；总资产由2012年底的43万亿元增加至2017年底的75万亿元。具体见图9-1。

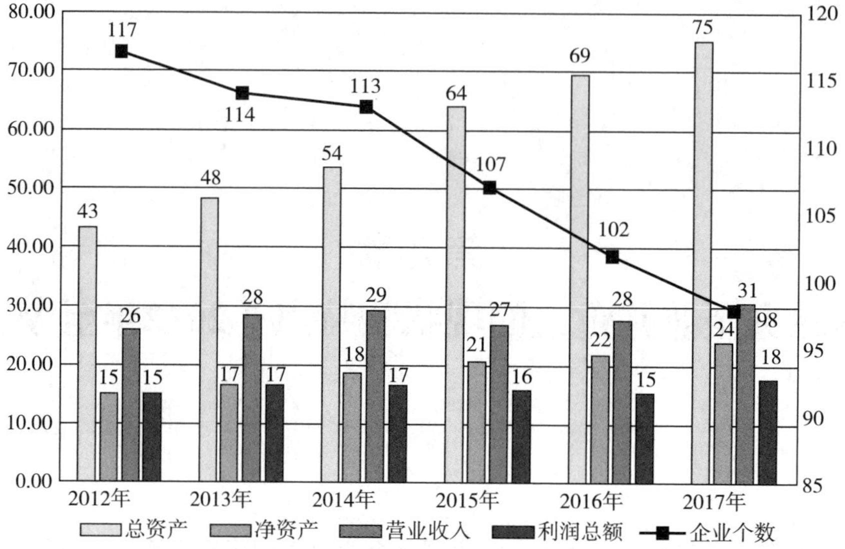

图9-1　2012—2017年中央企业兼并重组与整体经营情况

注：总资产、净资产、营业收入、利润总额对应左轴，前三项单位为万亿元，利润总额单位为千亿元；企业个数对应右轴。

资料来源：作者根据国务院国有资产监督管理委员会公布的资料整理。

二、主要思路

《关于推进国有资本调整和国有企业重组指导意见》指出，推动中央企业结构调整与重组应坚持服务国家战略、尊重市场规律、与改革相结合、严格依法规范、统筹协调推进等五项基本原则。其中最核心的是坚持服务国家战略的原则，中央企业结构调整与重组，要服务国家发展目标，落实国家发展战略，贯彻国家产业政策，以管资本为主加强国资监管，不断推动国有资本优化配置。

国务院国资委优化国有经济布局，主要有四条思路，除要突出战略规划引领和稳步开展国际化经营外，其余两条均与重组整合有关。第一条与重组整合有关的是扎实推进战略性重组，稳步推进装备制造、煤炭、电力、通信、化工等领域中央企业战略性重组。以重组整合为契机，深化企业内部改革和机制创新，放大重组效能。第二条与重组整合有关的是积极推进专业化整合。以拥有优势主业的企业为主导，发挥国有资本运营公司专业平台作用，持续推动煤炭、钢铁、海工装备、环保等领域资源整合，减少重复建设。结合国家重大专项、行业体制改革等，围绕重点领域整合现有优质资源，适时培育孵化新的产业集团公司。

三、典型模式

《关于推动中央企业结构调整与重组的指导意见》中，“重组整合一批”的具体路径涉及央企间行为的包括三个方向：推进强强联合、推动专业化整合、积极稳妥开展并购重组。从19个合并重组案例来看，推动专业化整合又细分出了纵向业务协同、资产转让和共享竞合三种模式；开展并购重组又与国有资本投资、运营公司及海外兼并重组相结合，主要形成了六种典型的央企兼并重组模式。

（一）横向强强联合，构建巨型企业

横向重组模式按照业务相近、有利于形成规模效益、形成优势互补和比较优势最大化的原则，采取“合并同类项”的方式实现企业间兼并重组。这一模式有利于各种要素向战略性行业快速集中，减少同质化竞争和资源浪费，企业间兼并所带来的市场势力兼并更有利于央企的国际品牌创造、快速形成国际竞争力和占领国际市场。

典型案例如南北车合并、宝钢与武钢合并、中国建材与中材集团合并、国旅并入港中旅等。像南北车的合并，有助于在国际市场上应对来自相关跨国公司的激烈竞争。

（二）纵向业务协同模式

企业的分工协作可以提高自身的专业化程度，但是带来交易成本过高的问题。部分央企以产业链条为基础，对上中下游进行整合，从而促进产业纵向资源集中、加快要素流动效率、降低市场交易成本。

典型案例如中电投与国家核电的合并，国电与神华重组，华粮整体并入中粮，中国核建并入中核集团等。具体到中电投与国家核电的合并案例中，作为中国五大发电集团之一的中电投具有“连续盈利能力”，而作为中国三大核电公司之一的国家核电则有“产业技术创新能力”。双方均可从对方身上得到“价值互补”，合并后的国家电投是一个上下游一体化的大型核电集团，并打破中核集团和中广核集团在核电方面的垄断格局。

（三）资产转让模式

一是“以强并弱”模式，通过同一行业中规模较大、实力较强的央企直接吸收合并规模较小、实力较弱的央企。典型案例如2016年中国恒天集团有限公司整体产权无偿划转进入中国机械工业集团有限公司成为其全资子公司，中国轻工集团有限公司、中国工艺集团有限公司整体并入中国保利集团有限公司（简称保利集团）等。二是央企间业务板块的合并与优化以精干主业。典型案例如保利集团将培育多年的优质煤炭板块资产（资产总额约188亿元）移交至中国中煤能源集团有限公司；中国航空工业集团有限公司将房地产业务（资产总额约1000亿元）移交至保利集团。

资产转让模式有利于整合同行业资源，实现做强做优做大主业的协同优势，对于非核心主业也存在优化的空间。

（四）共享竞合模式

“共享竞合”模式以中国铁塔为代表，是专业化整合的一种典型模式：通过将同一行业的基础设施剥离重组，共同组建成为共享的第三方企业，利用原本服务于某一家企业的基础设施为全行业提供服务。“共享竞合”模式可以为行业统一提供高质量的基础设施服务，推动企业聚焦主业、轻资产经营，减少了资源重复建设。

2014年7月18日，中国铁塔挂牌成立，到2015年10月完成了3家电信企业价值2034.8亿元的铁塔类存量资产收购。从2015年起，3家运营商不再各自建站，交由中国铁塔统一建设维护。这种共享竞合模式避免了重复建设，有效节约了资源。统计显示，中国铁塔成立两年后，新建铁塔共享水平由20%提升到70%，两年共减少铁塔重复建设50.1万个，节约建设投资880亿元、节约土地2.3万亩。此外，通过“共享竞合”，推动了网络建设，助力移动互联网的快速发展。

以共享整合为特征的“铁塔模式”，对于石油管网等其他领域央企重组具有一定参考价值。

（五）国有资本投资、运营公司模式

中共十八届三中全会明确提出“完善国有资产管理体制，以管资本为主加强国有资产监管，改革国有资本授权经营体制，组建若干国有资本投资、运营公司”，截至2022年4月，中央企业共有21家国有资本投资、运营公司试点。在省级层面，据不完全统计，截至2020年底，至少已改组组建了140多家国有资本投资、运营公司。

从定位上看，国有资本投资公司负有产业使命，通过投资实业推动产业升

级、提高产业竞争力；国有资本运营公司以资本营运为主，追求投资回报，不谋求控制实体企业，更加关注资本运作，主要是调结构、促转型，改善国资分布结构与质量。

从地方上看，利用国有资本投资、运营公司作为国企兼并重组平台也是重要思路之一。如山东通过改组和新设国有资本投资运营平台，以平台为基础进行并购重组。重庆市国企并购重组经验之一是将现有国企股权划入改组或新设的国资投资运营平台，以平台为基础进行并购重组。

（六）“走出去”的央企海外并购模式

进入21世纪以来，中央企业“走出去”是服务国家战略、维护国家利益、扩大国家影响力的重要途径。央企“走出去”的第一个层次是市场导向的产品和服务输出。第二个层次，则是资源导向的并购与整合。第三个层次，则是针对国际先进技术和创新能力的并购与整合。

由于政治环境、文化差异等多方面的原因，三个层次的“走出去”都会遭遇阻力，特别是第三个层次针对先进技术和创新能力的并购。由于政商环境的差异以及部分国内企业在国际竞争过程中对当地法规、习俗缺乏深入了解，可能会遭遇一些国家较为强烈的反应。这一方面是由于大国博弈加剧所导致，另一方面也反映出我国企业在开展海外技术并购时，需要更主动地把握和适应相关国际规则。

四、主要操作方式

观察党的十八大以来的19个央企兼并重组案例，从具体操作层面，主要有三种典型模式。

一是产权无偿划转的兼并式重组模式，共13个案例（68.4%）。其中大多数是将国务院国资委管理的“级别”较低的企业（“正局级央企”）产权直接无偿划转入“级别”较高的企业（“副部级央企”），如彩虹集团并入中国电子，华粮物流、华孚、中纺等并入中粮，中冶整体并入五矿，中外运长航并入招商局集团，国旅并入港中旅，中储棉并入中储粮，中国轻工和中国工艺并入保利集团等；另一些是直接在同一级别的企业之间划转，如珠海振戎并入南光集团，中国恒天并入国机集团等；少数是将级别较高企业并入级别较低企业，截至2018年底仅有中国二重并入国机集团一个案例，这与当时中国二重持续亏损有关。

二是双方联合重组后更名为新企业的方式，共有3个案例（15.8%）。这种操作通常发生在两个级别相同、体量相当的央企之间。例如中国电力投资集团公司与国家核电技术公司在集团层面联合重组为国家电力投资集团有限公司。神华集团与国电集团的合并案例较为特殊，是由神华集团更名为国家能源投资集团，作为合并后的母公司，吸收合并国电集团，国电集团注销。

三是集团公司与上市公司同步整合的方式，通过资本市场公开操作，共有3个案例（15.8%）。这种操作主要出现在央企的核心经营主体为上市公司的。如宝钢与武钢合并、南车与北车合并、中国建材与中材集团合并等案例。在宝钢与武钢合并案例中，在集团层面，宝钢集团更名为中国宝武钢铁集团有限公司，作为重组后的母公司，武钢集团整体无偿划入，成为其全资子公司；上市公司层面，宝钢集团旗下宝钢股份以0.56：1的比例换股合并武钢股份。南北车合并案例中，则是上市公司先行、集团公司跟进，先由市值较高的上市公司中国南车以1.1：1的比例向中国北车全体股东分别发行A股和H股股票，合并后采用新的公司和股票代码。其后，南车集团和北车集团重组合并为中国中车集团公司。

五、推动力

《关于深化国有企业改革的指导意见》明确提出，国企改革要“紧紧围绕服务国家战略，落实国家产业政策和重点产业布局调整总体要求”。因此，国家战略与政府意志一直是推动央企重组整合的重要力量之一。

作为政府影响经济社会发展的重要“抓手”，中央企业结构调整与重组，要服务国家发展战略，实现定位更加准确，功能作用有效发挥；总体结构更趋合理，国有资本配置效率显著提高；发展质量明显提升，形成一批具有创新能力和国际竞争力的世界一流跨国公司。

从主导机构上看，2003年成立的国务院国资委在推动中央企业重组整合方面取得了较大成效。2014年成立的国务院国有企业改革领导小组，更是在央企重组整合中发挥了关键的指导、协调作用。领导小组由主管国有企业的副总理任组长，其人员构成涉及国务院国资委、发展改革委、工业和信息化部、财政部、人社部、人民银行、证监会等多个部门，主要职责是统筹研究和协调解决改革中的重大问题和难点问题。近年来几项重大的央企重组整合案例都需报该领导小组批准。

中央企业基于自身对市场的判断所表达的意愿和需求也是央企重组的重要考虑之一。2015年底，中冶集团整体并入五矿集团。这两家央企的战略重组是两大集团就业务和市场分析后所做的自主选择，自当年8月着手准备，于年底获得国务院的批准。2013年华粮集团整体并入中粮集团也是华粮集团的主动选择，2009年，中粮和中储粮均有意并购华粮，以形成国粮两轮驱动的新局面，最终华粮选择了市场化运作经验更丰富的中粮。可以说，选择中粮集团是华粮集团自主选择——“既然是自由恋爱，结合就必须要自愿，在华粮集团职代会上，并购方案获108名职工代表全票通过”。

综合来看，中央企业由于多数处于关系国家战略的重要行业，且体量大、层级多、资产结构复杂，通常都由国务院从服务国家战略、提升国有资产运行效率的角度出发考虑合并重组的问题，同时考虑企业实际情况和主观意愿。

六、成功经验

一是“横向联合”扩大规模效应，发挥经营管理上的协同效应，提高行业集中程度，实现集约化经营。2017年中央企业入围《财富》世界500强48家，比2013年增加了4家，其中10家企业实施过重组。宝钢武钢重组，粗钢产量超过6000万吨，位居世界第二，高端碳钢产品的产量超过2000万吨。中国中车经营规模稳居全球轨道交通装备行业第一，销售收入超过庞巴迪、阿尔斯通、西门子三家总和。中国远洋海运集团综合运力、干散货船队、油轮船队和杂货特种船队规模实现“四个世界第一”，集装箱船队进入第一梯队、行业地位和话语权明显提升，成为平衡航运界东西半球的重要力量。中储粮与中储棉重组，成为全球最大的农产品储备集团，业务影响范围扩展至整个大宗农产品市场，保障国家粮棉油安全能力进一步提升。

二是“纵向整合”实现优势互补，使处于价值链不同环节的企业采取专业化分工与合作，有利于更大范围的生产社会化和更大规模的经济协调发展。中国国电与神华集团重组，实现煤电一体化运营，有利于解决长期以来困扰行业发展的“煤电顶牛”矛盾。中电投集团与国家核电技术公司重组，形成技术开发、工程建设、投资运营一体化的核电产业链条，系统集成、综合服务能力显著提升，核电重大专项进程明显加快。中国五矿与中冶集团重组，具备资源勘探、工程建设、矿山运营、资本运作、国际化经营的全产业链优势，“走出去”能力明显增强。中粮集团重组华粮集团，实现了粮食外贸、内贸、物流业务的统一整合，保障市场有效供给和服务宏观调控的能力不断增强。

三是“专业化重组”，提高资本配置效率，推动资源向优势企业集中、向企业主业集中。如组建中国铁塔公司，整合三大基础电信运营商的铁塔及相关附属资源，有效减少重复投资，实现共享竞合。新建铁塔共享水平由14.3%提升到2018年的73%，三年来共减少铁塔重复建设56.8万座，节约投资1003亿元，节约土地2.77万亩。推动中国航材、三大航空公司和中国国新成立航材保障共享平台公司，着力提高航材资产的流动性和集采率。

四是央企兼并重组与供给侧结构性改革相结合。以落后过剩产能行业为主的重组，其主要推手是供给侧改革，这种重组是以结构调整为主，着力去产能、去库存。宝钢与武钢的合并、中国建筑材料与中材集团合并为中国建材，都是典型的在供给侧结构性改革推动下实现的央企兼并重组。

五是以“一带一路”建设为推手，推动优势企业之间的重组。目的是做大做强，增强企业的全球竞争力。中国对外的两张名片——高铁和核电，高铁通过南北车合并，避免了“走出去”过程中出现恶性竞争，提升中国企业的全球竞争力。核电方面，中国核建整体并入中核集团，也有利于整合核电全产业链，提升中国核工业在全世界的竞争力和影响力。

六是与完善国资管理制度、实现国有资本有进有退相结合。通过国有资本投资、运营公司优化国有资本布局，有序退出低效低质领域，精干主业。通过资本市场、投资基金等渠道，发挥国有资本在关键领域的引领和撬动作用，提高国有资本流动性，实现国有资产保值增值。

七、整合效果

一是优化了经济布局与产业结构。央企重组整合有利于国有资本向关键领域、重点产业与优势企业集中，实现国有资本有进有退、优化产业布局。以钢铁行业为例，前十名企业产量占比从2010年的48.6%下滑至2015年的34.2%，2016年因宝钢武钢合并，产业集中度首次回升，2017年进一步回升，前四名企业（宝武、河钢、沙钢、鞍钢）产量占比21.9%，前十名企业产量占比36.9%，推动了行业集中度提升。在煤炭行业，2017年国电与神华合并成为世界最大的煤炭生产公司、火力发电生产公司、可再生能源发电生产公司和煤制油、煤化工公司。同期，保利集团将保利能源无偿划转给中煤集团，是继2016年后中煤集团第二次整合央企的煤炭资产。煤炭行业的央企重组，推动企业在更高层次、更高水平上实现资源优化配置，促进形成更加合理的行业发展格局。

二是推动了化解落后过剩产能。以宝钢、武钢合并为例，重组后的宝武钢铁集团根据国家钢铁产业政策，对接近国家退出标准的装备进行梳理，对不具竞争力的予以淘汰。数据显示，宝武钢铁集团2016年化解过剩产能997万吨，通过建立六大退出渠道、搭建员工转岗就业平台、妥善安置富余人员，2016年优化精简33417人，2017年上半年再优化精简1010人，工作平稳有序。

三是减少了恶性竞争和重复建设。南车与北车在“分家之初”约定分别负责南方和北方业务，在国际竞标时也尽量避开直面竞争。但在实际操作中经常相互“拆台”，恶性竞争不利于推动中国产品和中国标准走出国门。成立铁塔集团也是为了减少三大电信运营商重复建设基础设施，通过单独剥离铁塔建设业务组建中国铁塔，实现了三大电信运营商基础设施的统一规划与建设，减少了资源浪费与重复建设。

四是提升了国有企业的国际竞争力。一些央企通过兼并重组实现强强联合或专业化整合，提升在国际市场上的话语权和竞争力。神华国电合并后成立的国家能源投资集团，在煤炭产销量、发电装机总容量、煤制油化工产量等领域居全球第一，成为具有较强竞争力的综合性能源集团。重组后的中国远洋海运，在综合运力、干散货船队、油轮船队和杂货特种船队规模上实现了“四个世界第一”，行业地位和话语权明显提升。

五是优化了国有资本布局、提升了运营效率。央企兼并重组后，经过内部专业化整合，理顺业务逻辑、优化业务布局，运营效率也有较大提升。国家电投2015年完成重组，当年就实现利润总额139.6亿元，超过两家企业（中电投、国核技术）原有目标业绩之和的124%。中国远洋海运全面推进集装箱业务协同，完成了国内网络、海外网络、组织机构、运营系统、航线等整合工作，2016年增效约47亿元。

当然，也有一些央企的兼并重组案例最终成效尚未显现，还有待进一步观察；有一些成效尚不明显，也有少数案例显现出一些问题，产生了负面影响，需要进一步改革优化。

第十章
国企兼并重组中的突出问题

国企并购重组的过程也是一个探索实践的过程，实践过程中必然出现新的问题、突出矛盾或临时性障碍。我们指出这些急须解决的问题，同时，总结在解决国企兼并重组问题过程中积累的经验，为更好地推进兼并重组活动提供借鉴。

一、兼并重组中市场与政府的关系问题

（一）兼并重组中的行政手段为主、忽视市场规律问题

目前来看，无论是中央还是地方，都存在部分行政化安排国企并购重组的情况。不同企业可能由于能力差距大、经营协同效应一般等原因不适合并购重组，行政化安排式并购重组往往只是实现了形式上的联合，而难以产生经营协同，甚至可能出现差企业拖累好企业等情况。

不同于由市场推动的普通企业并购重组，中央企业是中央政府在关系国家安全和国民经济命脉的主要行业和关键领域实现国家战略意志的重要抓手，服务国家战略是必须承担的政治责任，开展兼并重组也要以做强做优做大国有资

本为主要目标。因此，央企兼并重组必须做到目标上服务国家战略和手段上尊重市场规律的平衡。但不少案例在操作上还是更多由行政意志主导，较大程度上忽视了企业意愿和市场规律。行政干预较多且涉及具体操作层面，提高了交易成本、沟通成本等，降低了资源配置效率。一些强行“拉郎配”的并购重组也降低了企业参与的积极性，不利于后续的进一步整合。

（二）兼并重组中的行政审批问题

目前还存在部分国企并购重组效率低、推进慢的情况。市场经济环境下，市场瞬息万变，并购重组推进迟缓可能导致企业错过最好的并购重组窗口期，竞争对手加快布局并占据商业先机，导致企业在竞争中丧失先发优势。

以央企为例，由于央企级别高、体量大、重组影响面广泛等，央企的兼并重组一般需要经过多个部门的审批，涉及上市公司的还需要符合中国证监会等监管机构的监管要求，有些甚至需要国务院的直接推动。鉴于央企的战略性重要地位，层层审批固然一定程度上可保障国有资产安全，但同时必须看到的是，行政审批链条过长、机构过多等问题，增加了央企兼并重组的制度交易成本和机会成本。在瞬息万变的市场环境中，这很难适应市场化兼并重组的时效性要求。

专栏　宝武钢铁合并的时效性问题

国家层面早在2004年就有将宝钢与武钢合并的意向，但武钢通过开展一系列跨越式并购，迅速扩大规模，“两钢”合并因此被推迟。直到2015年，才再次迎来新的合并契机。但此时正逢全球经济下行期，由于未能及时推动“两钢”合并，导致合并造成一定程度的产能过剩和重复建设。

资料来源：作者根据网络资料整理。

（三）重组、拆分的反复问题

回溯央企成立与变更的历史，可以发现，出于打破垄断、促进竞争的考虑，在上一轮改革中，一些关键行业的央企被拆分。但在本轮央企兼并重组中，南车与北车、中国核建与中核集团等曾经“分家”的央企都再次合并。

专栏 南车与北车、中国核建与中核集团“合久则分、分久又合”

2000年，原铁道部将原中国铁路机车车辆工业总公司按地域拆分为“南车”和“北车”，两车的生产、销售大致以黄河为界。2015年8月，经国务院批准，中国北方机车车辆工业集团公司和中国南车集团公司实施联合重组，重组后新公司定名为“中国中车股份有限公司”。

1999年原中国核工业总公司改组为中国核工业集团公司和中国核工业建设集团公司。中核集团保留了完整的核工业科研生产体系，承担核动力、核材料、核电、核燃料、乏燃料和放射性废物的处理与处置、铀矿勘查采冶、核仪器设备、同位素、核技术应用等核能及相关领域的科研开发、建设、生产和经营任务。中国核建集团的主业逐渐明确为“军工工程、核电工程、核能利用，核工程技术研究、服务”。2018年1月，经国务院批准，中国核工业建设集团有限公司整体无偿划转进入中国核工业集团有限公司。

资料来源：作者根据网络资料整理。

关于此问题，我们在前面已有阐述，此处不赘述。

（四）部分国企兼并重组面临税收负担问题

目前，还存在部分国企并购重组面临税收负担重的情况。不同类型的并购重组的税收负担差别大，国企内部并购重组税收负担重，不利于横向并购实现规模扩张；跨地区和上下游产业链并购重组税收难题多，不利于纵向并购推进产业链整合。

二、重规模轻效率、重重组轻整合造成“大而不强、整而不合”问题

一是为了追求规模盲目兼并重组，不能实现规模优势和协同效应。一些企业的兼并重组单纯为了提高规模或者跟风而开展兼并重组，在兼并前缺乏充分研究与论证，兼并后不注重内部整合与规模效益的提升。兼并之后的企业相互之间不能有效实现业务协同和互补，最终只是规模扩大了，但运营效率和效益不能实现有效提升。个别企业超出自身经营管理或资金能力进行并购重组，导致内部管理混乱、杠杆率大幅上升、无效产能扩张等问题，甚至出现企业经营陷入困境等情况。一些国企通过并购重组盲目追求做大的问题，需要着力避免。

典型案例是中外运和中长航迫于应对考核压力，盲目进行重组，业务上并不存在有效的协同与互补，最终整合效果不佳，规模扩大了但效率和效益有所下降。

二是重组后公司治理未能及时完善或跟上。大型国有企业领导班子成员通常都具有一定的行政级别。特别是央企，治理结构复杂，涉及不少党政机关。在兼并重组过程中，会涉及“动位子”“换帽子”的问题，对于相关企业负责人的安排与平衡，是兼并重组中所需要着重解决的问题。此外，在兼并重组后，如何发挥好治理主体的积极性、避免“山头主义”等问题，理顺企业的决策机制，减少官僚层级、提升决策效率，是国企兼并重组中需要重点考虑

和解决的任务。

三是实质性融合难度大，存在部分国企“整而不合”、部分国企并购重组后企业活力激发不到位的情况。企业并购重组是系统性工程，部分国企兼并重组后实现了形式上的整合，但在企业制度、战略目标、企业文化、人员架构、管理流程等方面并未真正融合，导致重组企业间各自为政，进而出现企业规模增大但经营与管理效率下降等情况。有的企业并购重组后，由于内部磨合不够或缺乏进一步清晰的战略发展规划，抑或顶层设计良好但基层执行力度不够等，导致发展放缓；有的“貌合神离”，还有的合并重组后反而内耗加剧。如何将“物理反应”升级为“化学反应”，是合并重组的央企需直面的问题。

三、造成新的垄断等“逆市场化”问题

对于一些处于关系国计民生行业的央企来说，通过兼并重组实现强强联合，可以提升企业的国际竞争能力，增加在国际市场上的话语权。但同时也需要避免加剧垄断、扭曲产业结构、降低创新动力、增加信贷风险等问题。兼并重组后的大型央企集团，要平衡好提升国际竞争力与不影响国内民生终端消费两方面的任务。

目前的合并案例还多处于关系国家安全与经济命脉的战略性行业，合并后对于终端消费的影响尚不太明显。但对于影响国民日常生活终端消费的企业（如石油、通信等），其兼并重组必须慎之又慎，避免造成新的垄断，对民生终端消费带来重大冲击。

四、海外并购重组中出现的一些新问题

近年来，我国国企特别是央企在海外市场开展并购重组动作频繁，取得一些重大进展。但同时，国有企业特别是央企在“走出去”的过程中，也存在一些突出问题。主要有四个：一是恶意转移资产和国有资产流失问题；二是海外投资与经营能力、经验不足的问题；三是兼顾境外资产监管的国资管理体制还须进一步完善；四是当前国际环境并不利于我国国企海外并购。

关于这一部分内容，前文已有展开，不再赘述。

第十一章
引导和规范国有企业重组整合的政策建议

重组整合不仅是国企改革的重要方式，也是国有企业发展的重要途径，更是调结构、转方式的重要手段。党的二十大报告提出“深化国资国企改革，加快国有经济布局优化和结构调整，推动国有资本和国有企业做强做优做大，提升企业核心竞争力”，为国有企业重组整合指明了方向。可以预见，在一定时期内，重组整合将成为国企改革发展的中心枢纽，强强联合、拆分重组、混合参股、关停并转、内部重组等多种方式的重组整合案例将持续涌现。同时，我们也需要认识到，国企并购重组是一个系统性的工程，在并购重组的事前、事中、事后均需要做好相关工作。

一、调整并优化国企重组整合的目标和原则

（一）一个目标

央企重组整合应以服务国家战略、提高国家经济整体竞争力和国际竞争力为根本目标。具体表现为三点。

一是功能作用有效发挥。在关系国家安全的领域保障能力显著提升，在关系国计民生和国民经济命脉的重要行业控制力明显增强，在重大装备、信息通信、生物医药、海洋工程、节能环保等行业的影响力进一步提高；在新能源、新材料、航空航天、智能制造等产业的带动力更加凸显。

二是资源配置更趋合理。通过兼并重组、创新合作、淘汰落后产能、化解过剩产能、处置低效无效资产等途径，形成国有资本有进有退、合理流动的机制。

三是发展质量明显提升。企业发展战略更加明晰，主业优势更加突出，资产负债规模更趋合理，企业治理更加规范，经营机制更加灵活，创新驱动发展富有成效，国际化经营稳步推进，风险管控能力显著增强，国有资本经营效率明显提高，实现由注重规模扩张向注重提升质量效益转变，从国内经营为主向国内外经营并重转变。

（二）两条途径

一是从质量效益导向出发，培育具有全球竞争力的世界一流企业，这条路径主要以纵向整合为主。以产业链条为基础，对上、中、下游进行整合，可以降低市场交易所产生的交易成本，加快要素流动效率，提高产业纵向资源集中，强化企业对产业链的控制力度。通过提供全产业链的产品与服务，提升企业整体竞争力，实现质量效益的提升。不仅要优化企业结构，还要拓展深度，培育企业新优势，发展企业更高层次开放型格局。中国经济体系现代化升级过程，离不开全球化发展，企业兼并重组要着眼于全球资源和市场，全面发展提升国际竞争力。开放型经济发展的现实要求企业不仅要完成国内整合，还要促进企业“走出去”，企业可以扩大出口，开辟新的市场，加快输出。企业要发展核心竞争力，由成本、价格优势为主向以技术、标准、品牌、质量、服务为核心的综合竞争优势转变，推进对外贸易，扩大国际影响力。同时提高企业文化实力和影响力。

二是优化经济布局和产业结构，淘汰落后过剩产能，这条路径主要以同行业横向兼并为主。兼并重组是化解产能严重过剩矛盾、调整优化产业结构、提高发展质量效益的重要途径。通过兼并重组清理“僵尸企业”，在产能过剩的行业如钢铁、水泥、玻璃、电解铝等行业持续推进兼并重组，注重分类、分业处置，加强产业的整合，优化资源配置，盘活存量，不搞一刀切，兼并重组改造一批，强化管理提升一批，清理淘汰退出一批三类方式提升企业效率，在去产能的同时加快转型升级。国有企业深入推进实质性改革，在清理“僵尸企业”时坚持以人为本原则，通过内部转岗、组织对外劳务输出和自主创业等方式安排富余的职工，尽量做到转岗不下岗、转业不失业，维护好职工利益。同时，积极探索海外资产整合，提高国有资本的运营效率。大力发展资本市场，发挥市场对资产定价的公正职能，提高整体社会福利，加快培育新动能，推动中国经济结构不断优化升级，增强经济创新力和竞争力。

（三）四项原则

一是服务国家战略与尊重市场规律相结合的原则。国有企业作为国家直接参与经济发展的重要载体，承担着服务国民经济发展、提升国际竞争力等使命，服务国家战略是国有企业重组整合中需要坚持的重要原则。同时，在兼并重组的操作手段上，要尊重市场规律，充分发挥市场在资源配置中的决定性作用，减少行政手段干预，促进市场公平竞争。

二是与改革相结合。国有企业重组整合要与供给侧结构性改革、发展混合所有制经济、完善国有资本管理体制等改革相结合，要将国企重组整合放到国企改革乃至国家经济体制改革的大背景中，服务于国家整体改革部署，服务国企改革和全面深化改革大局。

三是严格依法规范。要严格依法依规推进兼并重组，行政审批做到“不缺位、不越位”。既要有效防控国有资产流失，严格规范并购重组行为，审慎筛选并购标的；又要针对符合国家战略和企业发展规划的兼并重组行为进一步简政放权，优化审核流程。对市场化、规范化程度高的并购交易实施快速审核，缩短企业兼并重组周期，提高并购效率。各有关部门将加强对上市公司兼并重组的监管，进一步完善信息披露制度，采取有效措施依法打击和防范兼并重组过程中的内幕交易、利益输送等违法违规行为。

四是统筹协调推进。要注重提升竞争力和避免形成垄断相平衡，既要通过重组使资源向优势企业集中，促进产业结构升级，为培育具有全球竞争力的世界一流企业集团创造条件。同时也要高度警惕国企兼并重组中的“逆市场化”问题，特别是对于涉及终端消费的企业，其重组决策要高度慎重、推进要稳妥有序，尽可能不影响民生终端消费，不“与民争利”。在推进过程中要充分尊重市场、行业的发展规律和企业的实际状况，根据企业发展阶段与国家战略需要，严格论证国企兼并重组的相关政策与方案。不人为设定户数减少的具体目标和重组“时间表”。

二、决策时做到国家战略与市场相结合，实施中发挥市场的决定性作用

2017年9月召开的国务院常务会议，要求坚持深化改革，尊重市场规律，深入推进央企优化结构、重组整合，实现更好发展。会议特别强调，要在企业自愿、协商一致的基础上，按照“成熟一户、推进一户”的原则，稳

妥推进装备制造、煤炭、电力、通信、化工等领域央企重组整合，提高资源配置效率，增强竞争力。这要求国企重组在执行方式和手段上要更加重视市场化。

在决策时，要坚持服务国家战略与尊重市场规律和企业意愿相结合。服务国家战略是国有企业特别是中央企业的重要职责，在作出并购重组决策时必须坚持服务国家战略的最高原则，同时尊重市场规律、形势与企业意愿。

在操作中，必须发挥市场的决定性作用。尊重市场规律，既是企业发展的要求，也是历次改革经验和教训的总结。凡是在改革重组过程中充分尊重市场、按照市场规则办事的，大多比较成功，都进入了良性发展轨道。反之，则问题很多、矛盾很大，有的甚至失败。所以，新一轮央企改革重组，必须充分尊重市场规律，严格按照市场化要求推进改革。所谓“成熟一户，推进一户”，说到底，就是要按照市场需求、企业需要来推进。

需要鼓励、支持的是符合市场规律的、有助于提升经济与社会效益的并购重组，减少或避免单纯追求规模、效率低下的并购重组。尊重市场规律，充分考虑兼并重组企业间的匹配程度、意愿等因素，只支持能提升企业竞争力、提升经济与社会效益的并购重组。“一企一策”确定重组模式。在兼并重组过程中还要坚持市场化定价原则，防止国有资产流失。

三、建立健全体制机制，消除制度障碍

（一）深化领导与服务机构建设

进一步完善国有企业重组整合的机构建设，提高国家所有权政策制定机构对于宏观政策制定和战略全局把控的主动性。设立协调各部门审批工作、推动

政策落实的日常办事机构，进一步明确相关办事机构的工作职责，统筹联系各主管部门的行政审批事务，对央企兼并重组开展全面的事前调研论证、事中推动协调、事后跟踪评估等工作。同时，推动在各地设立类似的领导机构和办事机构，统一领导、协调地方国企的兼并重组工作。

（二）建立健全论证、评估与跟踪的体制机制

一是建立健全国有企业的价值评估机制。已有的重组合并案例中，多数都是国资委作为出资人，将其持有的一家国企股权无偿划转入另一家国企，或者以行政的力量推动两家国企合并。国务院常务会议明确要求，未来的国企兼并重组要尊重市场规律，市场上的并购重组行为中，企业价值评估是十分重要的环节，也是作出并购决策的重要参考。在未来推进国企重组过程中，要以市场为导向建立健全企业价值评估机制，提高国企兼并重组过程的市场化水平。

二是改进国企重组整合考核导向，以效率优先取代规模优先，即优先考虑做强做优。审慎评估与实施并购重组，以发展战略性新兴产业、先进制造业、现代服务业、基础设施与民生保障领域为战略导向，坚决清理不良资产、退出落后产能过剩领域，以此做强做优做大国有资本。

三是建立健全国企重组整合的政策评估机制。在推动国企改革的过程中，一定程度上存在着重政策制定与执行、轻政策评估的现象。一些政策由于受到诸多因素影响，往往缺乏全面、深入、细致的调研分析，尤其是对新政策出台后所带来的一些负面影响预测不足，结果造成政策反复，增加了国企改革的交易成本和机会成本。要建立健全国企兼并重组政策性文件的制定、审查、发布、执行和监督机制，提升政策制定的科学化水平。要注重发挥第三方机构的作用，邀请智库、相关企业等机构参与到政策制定的全过程中，对重大决策进行考察和评价。

四是建立健全整合效果评估与跟踪机制。很多重组后失败的案例警示，重组只是第一步，重组后要加大融合的力度。重组不仅要资本合、资源合、组织合，而且更要做到理念合、战略合、管理合，防止“貌合神离”。也就是要在“物理变化”的基础上加快“化学反应”，切实激发企业内生活力，不断提高企业质量、效益和竞争力。因此，对于重组后的央企进行长期的、动态的跟踪，定期对重组整合成效进行评估，并将评估结果与考核挂钩，对于促进整合后的央企真正实现“化学反应”具有十分重要的意义。

五是建立健全对当事企业和关键岗位人员的激励机制。国有企业的重组整合，既要服从国家战略，又要服从市场规律。从社会主义市场经济的角度，企业之间主动的兼并重组行为，需要对当事企业和关键人员有足够的内外部激励。对于企业来讲，核心是尊重市场规律，要破除各种行政垄断，让大多数国有企业成为“靠市场”而不是“靠政府”生存和发展的营利性市场主体，提升企业自身寻求变革的主动性。对于员工来说，要积极探索推进混合所有制和员工持股，建立职业经理人制度、增加市场化选聘比例，让“党管干部”要求与能上能下、能进能出的市场化选聘机制相适应；要改善企业各级管理人员和业务人员的激励机制，完善考核机制，让他们充满工作的激情和能动性。

四、优化国企重组整合的方式方法

首先，要做好并购重组前的准备工作。要实现“1+1>2”，必须根据客观情况论证企业兼并重组的必要性与可行性，若确认兼并重组，则在兼并重组前做好在统一思想、人事安排、薪资政策、文化融合等方面的安排工作，做好兼并重组方案的编制，为兼并重组奠定基础。

其次，强化资本市场的定价和交易功能，发挥资本市场在并购重组中的主渠道作用。目前的国企重组，主要以数量合并为主，侧重于减少企业数量，采用“装口袋、打包”的重组方式，虽然简单快捷，易于操作，但也存在弊端，即企业组织的内涵没有实质变化。要更加重视国企资本的融合，资本层面的融合重组是治标治本的根本重组方式。在重组过程中，要积极鼓励资本的相互投资、注资及相互持股，配合混合所有制改革与员工持股的探索，不断促进产权多元化，优化资本结构，提高资本效率。资本重组方式更有利于国企市场化机制的发展，有利于资本的流动、资源的优化配置以及国民经济产业升级。十多年来，400多家上市公司通过并购重组改善了基本面，提高了盈利能力、持续发展能力和竞争力，其中央企直接及间接控制的上市公司达到35%，通过并购重组实现了行业整合、整体上市等目标。

再次，与发展混合所有制经济相结合。以开放的心态，欢迎符合条件的各类所有制资本参与到国企兼并重组中，借鉴非国有资本的市场运作经验和灵活机制，提高兼并重组的效率与规范性。国企兼并重组要适当扩大范围，根据发展战略适当引入非国有资产标的，加强与外资、民营及地方企业之间的互动，促进发展混合所有制经济与国企兼并重组相结合。

最后，积极探索并推广国企兼并重组实践经验。已有的国企兼并重组经验中，除了简单的股权划转外，通过资本市场换股合并、集团层面现金（股权）购买、设立产业并购基金等方式，都是重要的经验。既可以利用资本市场的定价和交易功能，又能提高企业兼并重组操作的透明度，资本市场的反应也一定程度上反映出外界对于兼并重组的预期和态度。要积极探索此类具有较高复制推广意义的兼并重组经验，为后续企业的兼并重组行为提供借鉴。

五、更加扎实地做好国企兼并重组中的四项工作

（一）更加聚焦提升竞争力，扎实推进战略性重组

中央企业未来将以全球化的视野，站在提升国家竞争力的角度整合全球资源，改变过去以国内市场为主、以提高市场化运行效率为目的进行重组拆分的传统观念，从“国内竞争为主”向“国内外竞争并重”转变。同时，在充分认识到中央企业与国际龙头企业在体量上依旧存在差距的基础上，加强顶层设计，按照“成熟一户、推进一户”的原则，稳步推进装备制造、煤炭、电力、通信、化工等领域中央企业战略性重组，促进国有资本更多向符合国家战略的重点行业、关键领域和优势企业集中，努力提升国际话语权和企业竞争力。

（二）更加注重重组质量效果，加快推进内部资源重组

过去几年，国有企业重组整合的优势日益显现，重组整合红利逐步释放，但仍然存在一些不协调、不平衡、不深入等问题。2018年，中央企业集团层面的重组整合不再是简单强调形式上、规模上的加速，而是更加注重重组的质量和效果，更加注重内部资源整合和协同，更加注重提升企业的整体功能和运行效率。中央企业将以重组整合为契机深化企业内部改革和机制创新，加快形成业务、人员、技术、市场等方面的优势互补和全面融合，真正达到“1+1>2”的积极效果。从地方国有企业看，各地国资委所监管企业的产业布局将进一步优化，资源配置效率将进一步提升，企业之间的重组力度将进一步加大，特别是一些同类型业务的公司，资源整合将全面展开，甚至可能会出现按照“一个业务板块，一家集团公司”，或是按照“一个产业，一家集团公司”去进行重新整合的情况。

（三）更加发挥产业协同作用，稳步推进企业重组整合

在当前重组整合工作全面铺开的基础上，国有企业将进一步发挥国有企业间的协同效应，深入推进产业链上下游的互助合作，加强产业链上下游重组并购力度，推动向高端价值链的延伸与转型升级，努力打造全产业链竞争优势。同时，中央企业和地方国有企业之间、地方国有企业相互之间资源的优化组合迹象已经日益明显，资源整合力度将进一步加大，特别是兼并重组、交叉持股、财务投资、战略联盟等多种合作模式将大量涌现。

（四）更加关注产业发展方向，积极推进新业态新领域重组并购

全球产业结构调整及科技产业革命方兴未艾，促使我们必须更加理性、谨慎地看待中央企业在传统领域，特别是对资源能源类项目的重组并购。中央企业为培育壮大战略性新兴产业、提升行业技术水平、增强国际市场竞争力，将紧密围绕国家战略发展方向、行业发展方向、市场需求方向，积极推进新业态、新领域重组并购，特别是对重要性前瞻性战略性产业、生态环境保护、共用技术平台等重要行业和关键领域的加强重组并购。同时，战略性新兴产业并购坚持市场化机制，保持企业活力与竞争力，维持战略性新兴产业发展的高效率。

六、高度重视企业兼并重组后的实质性整合工作

不少国有企业之间的兼并重组仅仅处于“物理变化”层面，要想实现“1+1>2”的“化学反应”，重组后的实质性整合是需要重点关注并持续推动的长期工作。

一是要打好实质整合的体制基础和思想基础。在机制上，要建立健全市场化导向的企业运行机制，着力推动建设现代化公司治理体系，解决从行政型治理向经济型治理转型的集团障碍，实现国企治理体系和治理能力现代化。在思想舆论上，要做好实质性整合的思想动员和舆论宣导工作，营造实现“化学反应”的企业氛围，力促全体员工特别是领导班子实现思想统一。

二是以并购重组为新契机，加快推进业务整合与转型、完善内部治理。并购重组是企业发展的一个新起点，企业当以并购重组为新契机，加快推进业务整合与转型、改善内部治理，如借助引入战略投资进一步明确战略发展方向、改善内部管理水平，配套出台股权激励与科技创新激励方案，进一步健全现代企业制度，自上而下与自下而上改革相结合，更好提升企业综合竞争力、增强企业经济与社会效益。

三是全面优化产业布局。重组后的企业要围绕国家战略安排和企业核心主业，理顺业务板块间的逻辑关系，稳步推进以高效一体化为目标的产业链重组。以突出战略协同、减少资源浪费、提高竞争能力为核心，稳步推进产业布局优化。

四是稳步推进管理融合。以企业文化融合为先导，积极推进发展规划、资本运作、财务管理、人力资源、市场营销、业务流程、信息系统等方面的管理融合，真正实现全局一盘棋，加大集团对业务板块的一体化管控力度。

五是注重提升创新能力。国有企业的兼并重组过程同时也是企业内部资源的再调整过程。尤其是对于规模庞大的企业集团，要按照业务链、技术链的有机关系进行资产和组织的创新性调配，着重解决长期困扰企业的业务重叠、多级法人体制的低效率弊端。集中人才和资源，进一步提高创新能力。

七、加强对国企海外并购的规范与引导

十多年来，国有企业开展了多轮对外并购高潮，一些企业通过海外并购有效提升了国际市场的竞争力和影响力。但其中不乏过度扩张、资源浪费、巨额损失等情况发生，造成了国有资产流失，却极少有人为投资失误承担责任。因此，对于国有企业的合资重组和跨国并购需要采取积极而又谨慎的态度。

一是坚持提升国际竞争力、服务国家战略的目标。国有企业开展海外并购，要配合国家“一带一路”倡议，瞄准完善产业链布局、提升国际影响力和竞争力的目标。开展海外并购是帮助中国经济转换到新的增长动力，完成产业转型、化解产能过剩的重要策略，国有企业在此策略中要发挥主力军的作用。

二是国家层面要建立健全体制机制，规范和引导国有企业开展海外并购重组。①要针对国有企业海外并购建立完善的准入制度。以黑白名单的形式明确严禁和鼓励投资的行业、区域等，对于不动产、艺术品、文化娱乐产业等估值难度大、流动性低、风险较高、不符合央企核心主业的行业，要根据情况列入黑名单；对于有利于提升创新能力、掌握核心技术的产业，如芯片、新能源、新材料等行业要根据情况列入白名单。②要完善优化审批流程，对不同行业、区域的项目区分适用自主、备案、审批等不同层次的管理要求，对满足条件的鼓励类项目要充分发挥企业自身作为市场主体的主动性，对限制类项目要做好前端监控，做到“该管的管得住，该放的放得开”。③建立健全海外投资绩效评价与跟踪考核机制，对国企管理人员实行重大决策终身追责制。要求国有企业以集团为单位开展海外投资绩效评价，以利于加强追踪问效。对已经暴露出问题的国企并购案例进行深入研究，调查其中是否存在违反法律法规、未履行或未正确履行职责的行为。④建立健全基础设施与保障制度建设，在海外并购

的投融资服务、外汇支付、结算清算、保险安排等方面，鼓励引导国有企业之间发挥协同作用。⑤要进一步提升对国际政经关系的影响力和把控力，切实维护我国各类企业在国际市场上的合法权益。

三是对于国有企业，要提升海外并购的全面管理能力。在项目筛选方面，要严格按照国家制定的黑白名单要求，优选行业、区域、标的企业等，明确服务国家战略与核心主业的原则。在投资决策方面，要充分发扬“三重一大”的民主决策程序，运用好外部董事、行业专家等外部智慧，避免“拍脑袋”和“一言堂”决策。在金融手段方面，要充分借鉴已有海外并购案例，发挥好资本市场的定价优势，加强对国际金融规则的研究，运用好规则，减少交易成本，降低投资风险。在投后管理方面，要加强国际化管理水平，引进国际化经营管理人才，对并购标的所在地的政治、经济、文化、宗教、商业环境等各方面社会要素进行充分研究。在风险防范方面，针对政商环境、资产减值、经营风险等各类风险做好防控安排，综合运用保险、期权等金融手段覆盖风险敞口，切实加强风险管控水平。

八、加强央企兼并重组的目标管理及科学规划

（一）合理确定央企兼并重组的范围

一是坚持服务核心目标，合理确定参与兼并重组的央企范围。央企开展兼并重组，其核心目标在于通过战略重组优化产业结构，转变国民经济增长方式，从而提高国家经济竞争力、服务国家战略。因此，在对央企兼并重组进行整体规划时，需时刻紧盯核心目标，只有通过兼并重组有利于优化产业结构、提高服务国家战略能力的才纳入兼并重组考量范围。

二是以开放的心态接纳各类所有制企业参与央企兼并重组。如果央企重组只是央企之间的游戏，外资、民资及地方企业等均无法参与，必将损害市场经济法则，降低资源配置效率。因此，要提高市场化程度，重组要“立足央企，跳出央企”。央企重组的范围，除了在央企之间进行，更多应考虑引进国际上富有长远眼光的战略投资者、国内富有创新精神的民营资本，以及各类地方企业参与，加强与外资、民营及地方企业之间的合作，让它们参与到央企重组的企业发展潮流中，积极开展尝试，改善产权结构和经营机制。

此外，央企中还有一类特殊的科研院所类企业，如机械科学研究总院集团有限公司、中国建筑科学研究院有限公司等，在是否纳入兼并重组范围时需要充分论证。部分科研院所长期担负十分重要的国家级科研项目，具有较高的社会和民生价值，行业性、公益性和前瞻性较强，是我国目前最宝贵、最重要的科技资源之一。但是，它们在并入一些大型企业集团以后，却面临重组动荡、人才流失、投入不足、研发水平持续下降等窘境，研究的方向与课题受到企业集团的发展方向和资源投入的局限。因此，此类央企是否纳入兼并重组、如何开展兼并重组需要经过充分论证，明确企业职能定位，充分尊重市场规律和企业意愿，不能单纯以“减少央企数量”的心态搞“拉郎配”。

（二）弱化央企数量论

央企兼并重组应进行科学规划，不能盲目追求数量上的增减。在本轮改革之前，国务院国资委对央企兼并重组曾经提出了“只保留行业前三名”“2010年央企数量减少到80~100家”等硬性指标。此类要求“逼”得行业第四名、第五名的央企天天计算自己的行业排名，只讲规模不讲效益。行业排名稍后的央企管理层担心自己的企业被国资委边缘化，就走向了资产联合的道路。从国际经验来看，一个行业虽然一般主要有三至五家龙头企业占据了绝大多数的市场份额，但西方行业三至五家龙头企业的形成，通常是历经几十年甚至上百年的时间，历经无数次市场经济自然选择和淘汰产生的，不是简单的企业重组。可见，设定重组的数量，甚至变成硬性的行政指标，容易造成为完成任务而强制执行的情况，进而演变为政治任务。

央企重组必须按照国际竞争的要求，适应国内产业结构调整，进行认真选择、反复比较、科学论证。特别要提前规划新企业领导班子和新战略，建立科学合理的内外治理机制。企业能否制定新的战略、央企重组能否顺利实施，在很大程度上依赖于领导班子的智慧和团结，依赖于企业良好的内外部治理机制。

（三）打破“唯规模论”

央企兼并重组应避免简单的“以大吃小”。有的央企大而不强，从事的可能是夕阳产业，或者创新能力弱，有规模无效率，会衰弱萎缩；相反，有的央企规模相对较小，但从事的是朝阳产业，企业创新能力强，在国际国内开展了很多有前景的项目，满足了社会的发展需求，规模虽小，但发展潜力无限。如果按照简单“以大吃小”的方式，那些“小而强”的企业就可能被压制。因此，央企重组绝不能忽视那些“小而强”的企业，一定要以提高企业竞争力为主要衡量标准。

第十二章
国企兼并重组要重整合、求实效

我国国企兼并重组始自计划经济时期的行政性关停并转。2003年设立国资委后，国企兼并重组进入快车道。党的十八大之后，国企兼并重组持续深入推进，获得了丰富经验。同时，长期积累的问题也日渐显现，还存在着巨大的政策完善空间。

一、新一轮国企兼并重组的主要举措与基本经验

2013年之后，国企重组整合进入新阶段，主要表现为“数量增多、力度加大、速度加快”。如中央企业实施了19组、36家企业重组整合；各省份也因地制宜，开展了各有地域特征的地方国企兼并重组。

新一轮国企兼并重组，提出服务国家战略、尊重市场规律、与改革相结合、严格依法规范、统筹协调推进等五项原则，形成了突出战略规划引领、扎实推进战略性重组、积极推进专业化整合、优化国有经济布局等四条主要思路，探索出了横向强强联合构建巨型企业、纵向业务协同、资产转让、共享竞合、“走出去”海外并购和利用国有资本投资、运营公司等六种主要模式，采

用了产权转让、新设合并、集团公司与上市公司同步整合等三种主要操作方式，积累了国企兼并重组与供给侧结构性改革、“一带一路”倡议、做强做优做大国有资本相结合等经验。

构建了纵向整合与横向兼并两条主渠道。一是以优势互补为途径，为培育具有全球竞争力的世界一流企业创造条件。这以纵向整合为主，提升专业化分工、合作水平和供应链管控能力，促进纵向一体化。如分处产业链上下游的神华集团与国电集团合并重组为国家能源集团，以煤电一体化运营来缓解长期困扰行业发展的煤电顶牛矛盾。二是以质量效益为导向，优化经济布局和产业结构、淘汰落后过剩产能、消化和处置困难企业。这以横向兼并为主，如宝钢和武钢合并重组，东方航空吸收合并上海航空等，目的是扩大规模优势、发挥协同效应、提高行业集中度。

专业化重组推动资源向优势企业聚集、推动企业聚焦主业。如组建中国铁塔公司，整合三大基础电信运营商的铁塔及相关资源，实现共享竞合，减少了重复投资，提高了资本配置效率：铁塔共享水平由过去的14.3%提升到2017年的73.0%，三年来共减少铁塔重复建设56.8万座，节约投资1003亿元，节约土地2.77万亩。

国企兼并重组与供给侧结构性改革相结合。当前阶段在过剩产能行业的国企兼并重组，主要动力来自供给侧改革。宝武钢铁和中国建材等均是结合供给侧结构性改革，以结构调整为主，兼并重组与去产能、去库存相促进。

以“一带一路”建设为推手，通过兼并重组提升优势企业的国际竞争力和全球影响力。如通过南北车合并，避免中国高铁“走出去”过程中的内部恶性竞争。

以“两类公司”为平台，与国有资本“有序进退”相结合。通过国有资本投资、运营公司优化国资布局，提高国有资本流动性，退出低效低质领域；并将资本市场的压力通过兼并重组渠道传递到企业，进而产生发展动力。如中国诚通托管中国铁物，国机集团重组中国恒天等。

国企兼并重组调整了经济布局与产业结构，推动了化解落后过剩产能，减少了恶性竞争和重复建设，提升了国企的规模实力。以中央企业为例，截至2019年3月底，国务院国资委履行出资人职责的央企经由兼并重组，调整至96户。比企业户数减少更重要的是，企业整体绩效得到提高。此外，一些行业的国际竞争力得到提高，如中国中车经营规模居全球轨道交通装备行业第一，销售收入超过另三家国际竞争对手的总和；中国远洋海运集团实现综合运力等四个世界第一，成为平衡航运界东西半球的重要力量。

但无论是国际经验还是我国企业实践，均表明企业并购局限性强、成效不显著、负面效应明显等问题普遍存在。这在国企兼并重组中更加明显。

二、当前国企兼并重组面临的一些突出问题

企业并购重组是一种调整经济结构和企业结构的市场化方式。但我国国企兼并重组始终有一条“以行政推动为主”的主线，这是工作取得进展的关键，也是许多问题的根源。

兼并重组中政府与市场的关系有待完善。部分国企兼并重组在操作上偏重行政手段、忽视市场规律和企业意愿，采用“拉郎配”或“好背坏”等方式，最后导致不少问题。此外，部分国企兼并重组效率低、推进慢，原因之一是行政审批链条过长、机构过多，层层审批增加制度成本和机会成本，难以适应市场化兼并重组的时效性要求，有时导致企业错过兼并重组窗口期，错失发展机遇。

部分领域“翻烧饼”。如一些国企兼并重组中，将以前改革中被拆分的国企再次合并，这可能使得思想混乱、改革失向，应尽量避免。

警惕“逆市场化”重组泛化。强强联合式重组提升了企业的国际竞争力和国际市场话语权，但需要注意避免这类重组的泛化，以免在国内出现强化垄

断、扭曲产业结构等“逆市场化”问题。大型国企的重组，要平衡好提升国际竞争力与不影响国内民生终端消费两方面。对影响国民日常生活终端消费的大型国企，其合并重组必须审慎，避免造成新的垄断，冲击民生。

国企“走出去”海外并购重组中出现一些新问题，如盲目扩张、资源浪费、出现亏损、国资流失等。这些问题，除恶意转移资产和个别企业违规投资外，也与我国国企海外投资与跨国经营能力不足、经验不丰富有关，还反映出国企海外资产管理制度建设相对滞后——一方面难以及时发现与制止恶意转移资产等违规海外并购行为，另一方面对有利于国企发展壮大的海外并购行为审批又过于烦琐，容易错失发展机会。此外，当前国际环境对国企海外并购的不利影响加剧，非市场因素加重国企“走出去”并购困难。

部分国企的兼并重组重规模轻效率、重重组轻整合，造成“大而不强、整而不合”。一些企业单纯为了扩大规模，或迫于考核压力甚至只是跟风而开展兼并重组，加上实质性融合难度大，不少国企兼并重组后“整而不合”，未能实现业务协同和优势互补，难以发挥规模优势。“物理反应”完成后如何产生“化学反应”，实现“1+1>2”的协同效应，是国企兼并重组需要着重解决的大问题。

三、引导和规范国企兼并重组的政策建议

基于上述情况，我们建议对过去持续大规模推进国企兼并重组的思路作出调整，从重重组转向重整合、从求规模转向讲效率，更加重视重组质量以及整合成效——国企兼并重组应从“装土豆的麻袋”升级为“薯条加工器”。

（一）完善体制机制，促进思路转变和工作重点调整

国企兼并重组的目的到底是什么？我们认为，国企重组整合应以服务国家

战略、提高国家经济整体效率和国际竞争力为目标。为此，要破除本位意识。首先，国企兼并重组不能仅仅停留在自身做大的本位目标，而应看是否有利于提升国民经济整体效率、是否有利于促进国际竞争力、是否影响公共利益。其次，结合国企分类改革和重组整合两项工作，使国资国企更有效发挥功能作用：针对不同领域，或者具有保障能力，或者保持影响力，或者具有带动力；在涉及国家安全和某些公共服务等少数确实非国资不可的领域，可以利用包括重组整合等在内的多种方式增强控制力，但同时必须提升政府对此领域的规制能力。

发挥国企兼并重组工作领导与服务机构的积极作用。加强国企改革领导小组办公室与企业兼并重组部际协调小组的配合与协调，明确当前一段时期的国企兼并重组要调整思路、控制节奏，要转向更注重重组质量、整合成效；指导地方和企业更加重视企业重组后的整合工作，促进相关政策和配套措施的落实，解决国企重组整合中的跨地区、跨行业、跨所有制等重大问题，清除企业整合的制度性障碍。

切实贯彻既定原则推进国企兼并重组。一是服务国家战略与尊重市场规律相结合。决策时，既要坚持服务国家战略，也要尊重市场规律和企业意愿；操作时，发挥市场在资源配置中的决定性作用，执行方式和操作手段市场化，减少行政手段直接干预。二是国企兼并重组与深化改革相结合。国企兼并重组要与发展混合所有制经济及供给侧结构性改革等相结合，服务全面深化改革和国企改革大局。三是严格依法依规。行政审批做到“不缺位、不越位”，在严格规范国企兼并重组行为的同时，针对符合国家战略和市场规律的兼并重组进一步简政放权，优化审核流程，大力支持市场化、规范化的并购交易。四是统筹协调推进。既要注重提升竞争力，又要避免形成新垄断，既要通过重组使资源向优势企业集中，也要警惕“逆市场化”倾向。尤其是涉及终端消费的企业，其重组决策要高度慎重，尽可能不影响民生终端消费。

建立股东协调机制，提升政府规制能力。发挥国有资本出资人代表机构的积极、有限股东的协调作用，理顺国企间的竞合关系，减少恶性竞争和重复建设，促进重要资源设备共享。同时，提升政府对国企兼并重组行为的规制能力，推动所有权与规制权分开，利用高标准的信息披露提升国有企业的透明度；强化竞争政策的基础性地位，深化垄断行业体制改革，放开竞争性业务、实行网运分开，并对具有网络效应的自然垄断环节加强监管。这意味着即使由于国企兼并重组出现了更大规模的企业集团，政府仍然有能力保证公共利益。

建立健全国企兼并重组论证、评估与跟踪机制。首先，建立健全国企兼并重组的政策评估机制，评估国企兼并重组对经济发展、产业结构和公共利益的影响，改变重政策制定、轻政策评估的倾向，减少“朝令夕改”和一些国企拆分、重组循环反复现象。其次，建立健全整合效果评估与跟踪机制，对重组企业进行长期动态跟踪，定期评估成效，按市场化标准完善企业价值评估机制；改进国企兼并重组考核导向，以效率优先取代规模优先，优先考虑做优做强；将评估结果与绩效考核挂钩，促进整合后的企业发生“化学反应”。

打破“唯规模论”，转向效率优先。国企重组要避免简单化地“以大吃小”。如果只简单地让大而不强、有规模无效率、创新能力弱、前景不明的大企业，“吃掉”规模相对较小但创新能力强、活力足、有效率且具有发展潜力的小企业，则那些“小而优”的企业就可能失去独立发展和做强做大的机会。试想一下，如果当年的振华港机被兼并，是否还有今日占据80%全球港机市场的振华重工?

慎用“好背坏”式重组，避免感染效应和好企业被拖垮。政府不能以“甩包袱”心态将困难企业推给其他企业。对目前经营困难、但资产质量或市场前景较好的国企，以促改革为主，如支持企业解决历史遗留问题、为企业推进混改创造可能条件等；对现有资产和资源仍有一定价值的国企，可以采取兼并重组或转交给专业的不良资产管理公司进行处理，引导优势企业整合、盘活困难企业资产资源，但必须以尊重双方意愿为前提；对严重资不抵债、扭亏无望的企业，采取破产退出方式，引导企业依法通过申请注销登记、破产重组和破产清算司法程序退出市场。

（二）推进国企兼并重组后的实质性整合工作

国企兼并重组不应再强调形式上、规模上的简单相加，而应更加重视重组质量和整合实效，推动重组后的实质性整合工作。

一是优化业务布局。重组后的企业要理顺业务板块间的逻辑关系，以一体化为目标推进业务整合，围绕核心主业，调整组织和资产、整合人才和资源，突出战略协同、降低摩擦阻力、减少资源浪费，避免传统国企业务重叠、管理层级过长等弊端。

二是推进企业融合。以重组为起点，循序推进管理机构和业务部门整合，推进产供销统一、人财物统筹，推进全方位优势互补和全面融合，实现全局“一盘棋”和实质性整合。

三是产生协同效应。这意味着一开始就必须明确，我们更需要的是价值型兼并重组，而非机会主义导向的交易型兼并重组。同时，要发挥各自优势的溢出效应，利用双方在资产、技术、市场等方面的互补性，释放规模经济效应和范围经济效应，实现经营协同、财务协同和公司治理协同。

四是促进企业发展能力提升。国企兼并重组应使企业的资产负债率趋向合理、公司治理走向规范、经营机制更加灵活、风险管控能力增强，从规模扩张向质量效益提升转变、从国内经营为主向国内外经营并重转变。

（三）规范与引导国企海外并购

基于过去的经验教训，综合考虑目前的国际环境，当前一段时期，国企海外并购需要更加审慎。国家层面要完善体制机制，规范和引导国有企业开展海外并购重组。

第一，完善和优化国企海外并购备案和核准流程。对不同行业、区域、项目区分适用备案、核准等不同要求，做到“该管的管得住，该放的放得开”，改变“重核准、轻监管”；建立健全海外投资绩效评价与跟踪考核机制，落实海外违规投资决策终身追责制。

第二，国资、财政、商务、外交等相关政府部门加强协调配合，提升行政、金融、信息、法律和人力资源等方面的服务能力，建立健全海外并购的投融资服务、保险安排等保障制度建设，完善对外投资服务体系。同时，进一步研究、适应和影响相关国际规则，提升对国际政经关系的理解力、影响力和把控力，维护我国企业海外并购的正当权益。

第三，切实提升国企海外并购能力。项目筛选时，遵循“正负清单”，优选行业、区域和标的企业；投资决策时，发挥董事会决策作用，运用好外部董事、行业专家等外部智慧，避免“拍脑袋”和“一言堂”；重视利用战略联盟来弱化东道国阻力、控制交易风险和培养整合能力，克服跨国并购障碍；在金融手段方面，重视资本市场的定价作用，利用国际金融规则和投资协定，减少交易成本、降低投资风险；在投后管理方面，适应东道国要求，注重社会责任，注意国际化经营和本地化人才相结合，提升国际化水平和本地化程度；在风险防控方面，综合运用保险、期权等金融手段覆盖风险敞口，提升风险管控水平。

（四）进一步改进央企的兼并重组工作

央企的兼并重组具有风向标作用和示范效应。改进央企的兼并重组工作，将引导全国各地相关工作作出相应调整。

合理确定央企兼并重组的范围。首先，央企兼并重组需紧盯通过战略重组优化产业结构、转变经济发展方式、提高国家经济竞争力等核心目标。只有有利于优化经济结构、提高服务国家战略能力的兼并重组，才纳入兼并重组考量范围；只支持符合市场规律、有助于提升经济社会效益和企业竞争力的兼并重组，避免单纯追求规模、效率低下的兼并重组。其次，央企中的科研院所类企业，部分有行业共性技术研发平台属性，具有较强的行业性、公益性，是重要的科技资源。此类央企是否纳入及如何开展兼并重组，需要慎重研讨。最后，以开放姿态接纳各类所有制企业参与央企兼并重组。要“立足央企，跳出央企”，兼并重组与混改和股权多元化等改革相结合，引进国际上富有经验的战略投资者、国内富有创新精神的民营企业以及有互补效应的地方国企，以“开放式重组”促进各类企业之间的优化组合和资源整合。

弱化央企数量论，更加强调发展质量。央企兼并重组不再盲目追求数量增减，不单纯以“减少企业数量”的心态搞“拉郎配”。考虑兼并重组企业间的匹配程度等因素，尊重市场规律和企业意愿，“一企一策”“因企施策”确定重组模式，保证重组质量、力求整合实效。

附　件

附件一　　　2003—2011年央企兼并重组案例汇总

序号	年份	形式	重组主体	整合后的企业
1	2003	兼并式重组	中国海外工程总公司并入中国铁路工程总公司	中国铁路工程总公司
2			中国四维测绘技术总公司并入中国卫星通信集团公司	中国卫星通信集团公司
3			中国免税品（集团）总公司并入中国国际旅行社总社	中国国际旅行社总社
4	2004	合并重组	中国蓝星（集团）总公司、中国昊华化工（集团）总公司重组	中国化工集团公司
5		兼并式重组	中国土畜产进出口总公司并入中国粮油食品（集团）有限公司	中国粮油食品（集团）有限公司
6			中机国际工程咨询设计总院并入中国新时代控股（集团）公司	中国新时代控股（集团）公司
7			中国旅游商贸服务总公司并入中国中旅（集团）公司	中国中旅（集团）公司
8			邯邢冶金矿山管理局并入中国五矿集团公司	中国五矿集团公司
9			中国牧工商（集团）总公司并入中国水产（集团）总公司	中国水产（集团）总公司
10			中国进口汽车贸易中心并入中国机械装备（集团）公司	中国机械装备（集团）公司
11			中国土木工程集团公司并入中国铁道建筑总公司	中国铁道建筑总公司
12			中国高新投资集团公司吸收合并复兴浆纸有限公司	中国高新投资集团公司

续表

序号	年份	形式	重组主体	整合后的企业
13	2004	兼并式重组	中国华轻实业公司并入中国工艺美术（集团）公司	中国工艺美术（集团）公司
14			中国食品发酵工业研究所并入中国轻工集团公司	中国轻工集团公司
15			中国药材集团公司并入中国医药集团总公司	中国医药集团总公司
16			中煤建设集团公司并入中国煤炭工业进出口集团公司	中国煤炭工业进出口集团公司
17			中国科学器材进出口总公司并入中国生物制品总公司	中国生物制品总公司
18			中国建筑材料科学研究院并入中国建筑材料集团公司	中国建筑材料集团公司
19			中国轻工业机械总公司并入中国建筑材料集团公司	中国建筑材料集团公司
20			中国水利电力对外公司并入中国水利投资公司	中国水利投资公司
21	2005		中国外轮理货总公司并入中国远洋运输（集团）总公司	中国远洋运输（集团）总公司
22			天津水泥工业设计研究院并入中国材料工业科工集团公司	中国材料工业科工集团公司
23			中国纺织物资（集团）总公司并入中国恒天集团公司	中国恒天集团公司
24			中国寰球工程公司并入中国石油天然气集团公司	中国石油天然气集团公司
25			中国有色工程设计研究总院并入中国冶金建设集团公司	中国冶金建设集团公司
26			华侨城集团公司与华联发展集团有限公司重组	华侨城集团公司
27			中国长城计算机集团公司并入中国电子信息产业集团公司	中国电子信息产业集团公司
28		合并	中国港湾建设（集团）总公司、中国路桥（集团）总公司合并	中国交通建设集团有限公司
29		兼并式重组	中国医疗卫生器材进出口公司并入中国生物技术集团公司	中国生物技术集团公司

续表

序号	年份	形式	重组主体	整合后的企业
30	2006	撤销	长江口航道建设有限公司已调整为交通部长江口航道管理局	
31		兼并式重组	中谷粮油集团公司并入中国粮油食品（集团）有限公司	中国粮油食品（集团）有限公司
32			中讯邮电咨询设计院并入中国联合通信有限公司	中国联合通信有限公司
33			中国寰岛（集团）公司并入中国诚通控股集团有限公司	中国诚通控股集团有限公司
34			中国化工建设总公司并入中国海洋石油总公司	中国海洋石油总公司
35			中国投资担保有限公司并入国家开发投资公司	国家开发投资公司
36		股权转让	中国华源集团有限公司9.136%股权无偿划转给中国华润总公司	中国华润总公司
37		合并	中国工艺品进出口总公司和中国工艺美术（集团）公司联合重组	中国工艺（集团）公司
38		改制	钢铁研究总院更名为中国钢研科技集团公司	中国钢研科技集团公司
39		兼并式重组	冶金自动化研究设计院并入中国钢研科技集团公司	中国钢研科技集团公司
40			中国地质工程集团公司并入中国新时代控股（集团）公司	中国新时代控股（集团）公司
41	2007		沈阳化工研究院并入中国中化集团公司	中国中化集团公司
42			中国化工供销（集团）总公司并入中国海洋石油总公司	中国海洋石油总公司
43			中国种子集团公司并入中国中化集团公司	中国中化集团公司
44			中国中旅集团公司并入中国港中旅集团公司	中国港中旅集团公司
45			中国纺织工业设计院并入中国石油天然气集团公司	中国石油天然气集团公司
46			中国福马机械集团有限公司并入中国机械工业集团公司	中国机械工业集团公司
47		撤销	中国汽车工业总公司撤销	
48		兼并式重组	中国海洋航空集团公司并入中国机械工业集团公司	中国机械工业集团公司
49			三九企业集团并入华润（集团）有限公司	华润（集团）有限公司

续表

序号	年份	形式	重组主体	整合后的企业
50	2008	兼并式重组	中国唱片总公司并入中国诚通控股集团有限公司	中国诚通控股集团有限公司
51			中国铁通集团有限公司并入中国移动通信集团公司	中国移动通信集团公司
52			中国国际企业合作公司并入中国诚通控股集团有限公司	中国诚通控股集团有限公司
53		合并	中煤国际工程设计研究总院与煤炭科学研究总院重组成立中国煤炭科工集团有限公司	中国煤炭科工集团有限公司
54		兼并式重组	中国轻工业品进出口总公司并入中国通用技术（集团）控股有限责任公司	中国通用技术（集团）控股有限责任公司
55			中国水利投资集团公司并入中国长江三峡工程开发总公司	中国长江三峡工程开发总公司
56		合并	中国航空工业第一集团公司和中国航空工业第二集团公司合并	中国航空工业集团公司
57		兼并式重组	中国海诚国际工程投资总院和中国轻工业对外经济技术合作公司并入中国轻工集团公司	中国轻工集团公司
58		合并	中国对外贸易运输（集团）总公司与中国长江航运（集团）总公司重组	中国外运长航集团有限公司
59	2009	合并	中国联合通信有限公司与中国网络通信集团公司重组合并	中国联合网络通信集团有限公司
60		兼并式重组	中国电子工程设计院并入国家开发投资公司	国家开发投资公司
61			中国成套设备进出口（集团）总公司并入国家开发投资公司	国家开发投资公司
62			中国卫星通信集团公司并入中国航天科技集团公司	中国航天科技集团公司
63			中国纺织科学研究院并入中国通用技术（集团）控股有限责任公司	中国通用技术（集团）控股有限责任公司
64			中国农业机械化科学研究院并入中国机械工业集团有限公司	中国机械工业集团有限公司
65			中国医药集团总公司与中国生物技术集团公司实行联合重组	中国医药集团总公司
66			长沙矿冶研究院和鲁中冶金矿业集团公司并入中国五矿集团公司	中国五矿集团公司
67			中国新兴（集团）总公司并入中国通用技术（集团）控股有限责任公司	中国通用技术（集团）控股有限责任公司

续表

序号	年份	形式	重组主体	整合后的企业
68	2009	兼并式重组	中国农垦（集团）总公司并入中国农业发展集团总公司	中国农业发展集团总公司
69			中国邮电器材集团公司并入中国通用技术（集团）控股有限责任公司	中国通用技术（集团）控股有限责任公司
70			中国远东国际贸易总公司并入中国电子科技集团公司	中国电子科技集团公司
71	2010		中国包装总公司并入中国诚通控股集团有限公司	中国诚通控股集团有限公司
72		合并	中国新时代控股（集团）公司与中国节能投资公司合并重组	中国节能环保集团公司
73		兼并式重组	上海医药工业研究院整体并入中国医药集团总公司	中国医药集团总公司
74		合并	鞍山钢铁集团公司与攀钢集团有限公司实行联合重组	鞍钢集团公司
75		兼并式重组	中国房地产开发集团公司整体并入中国交通建设集团有限公司	中国交通建设集团有限公司
76			上海船舶运输科学研究所整体并入中国海运（集团）总公司	中国海运（集团）总公司
77			中国出国人员服务总公司整体并入中国医药集团总公司	中国医药集团总公司
78			中国高新投资集团公司整体并入国家开发投资公司	国家开发投资公司
79	2011		中商企业集团公司整体并入中国诚通控股集团有限公司	中国诚通控股集团有限公司
80			中国华星集团公司划入中国国新控股有限责任公司管理	中国国新控股有限责任公司
81			中国乐凯胶片集团公司整体并入中国航天科技集团公司	中国航天科技集团公司
82		合并	中国水利水电建设集团公司、中国水电工程顾问集团公司与国家电网公司、中国南方电网有限责任公司组建中国电力建设集团有限公司	中国电力建设集团有限公司
83			中国葛洲坝集团公司、中国电力工程顾问集团公司与国家电网公司、中国南方电网有限责任公司组建中国能源建设集团有限公司	中国能源建设集团有限公司

附件二　　党的十八大以来央企兼并重组案例汇总

序号	年份	形式	重组主体	整合后的企业
1	2013	兼并式重组	彩虹集团公司整体并入中国电子信息产业集团有限公司，成为其全资子企业	中国电子信息产业集团有限公司
2			中国华粮物流集团公司整体并入中粮集团有限公司，成为其全资子企业	中粮集团有限公司
3			中国第二重型机械集团公司与中国机械工业集团有限公司实施联合重组，重组后的新集团沿用“中国机械工业集团有限公司”名称	中国机械工业集团有限公司
4	2014		中国华孚贸易发展集团公司整体并入中粮集团有限公司，成为其全资子企业	中粮集团有限公司
5	2015	合并	中国电力投资集团公司和国家核电技术有限公司实施联合重组	国家电力投资集团公司
6		换股吸收合并	中国北方机车车辆工业集团公司和中国南车集团公司实施联合重组	中国中车股份有限公司
7		兼并式重组	南光（集团）有限公司和珠海振戎公司实施重组	南光（集团）有限公司
8			中国冶金科工集团有限公司整体并入中国五矿集团有限公司，成为其全资子企业	中国五矿集团有限公司
9		合并	中国远洋运输（集团）总公司与中国海运（集团）总公司实施重组	中国远洋海运集团有限公司
10		兼并式重组	中国外运长航集团有限公司整体并入招商局集团有限公司，成为其全资子企业	招商局集团有限公司
11	2016	兼并式重组	中国国旅集团有限公司整体并入中国港中旅集团公司，成为其全资子公司	中国港中旅集团公司
12			中国中纺集团公司整体并入中粮集团有限公司，成为其全资子企业	中粮集团有限公司
13			中国建筑材料集团有限公司与中国中材集团公司实施重组	中国建材集团有限公司
14		合并	宝钢集团有限公司与武汉钢铁（集团）公司实施联合重组	中国宝武钢铁集团有限公司

续表

序号	年份	形式	重组主体	整合后的企业
15	2016	兼并式重组	中国储备棉管理总公司整体并入中国储备粮管理总公司，成为其全资子企业	中国储备粮管理总公司
16	2017	兼并式重组	中国恒天集团有限公司整体并入中国机械工业集团公司，成为其全资子企业	中国机械工业集团公司
17	2017	兼并式重组	中国轻工集团公司、中国工艺（集团）公司整体并入中国保利集团公司，成为其全资子企业	中国保利集团公司
18	2017	合并	中国国电集团公司与神华集团有限责任公司合并重组	国家能源投资集团有限责任公司
19	2018	兼并式重组	中国核工业建设集团有限公司整体无偿划转进入中国核工业集团有限公司	中国核工业集团有限公司
20	2018	联合重组	武汉邮电科学研究院和电信科学技术研究院	中国信息通信科技集团
21	2019	兼并式重组	中国中丝集团有限公司并入中国保利集团有限公司	中国保利集团有限公司
22	2019	合并	中国船舶工业集团有限公司与中国船舶重工集团有限公司实施联合重组	中国船舶集团有限公司

资料来源：作者根据相关企业公开资料整理。

下篇　国有经济布局优化与结构调整机制性工作的重点

作为调整经济结构和企业结构的重要市场化方式，企业并购重组在我国成为一种日益常见的经济现象，呈现出“量增长，质提升”日趋活跃的基本态势。但无论是从国际经验还是我国企业实践来看，企业并购中局限性强、成效不显著、负面效应明显等问题普遍存在。除企业自身能力问题外，企业并购的制度环境也是重要影响因素。解决这些问题涉及如何使非完全共同利益的相关各方目标趋向一致，如何以较低信息成本实现设计目标等。强调“激励兼容和信息揭示”的机制设计理论在这方面能发挥一定作用。科学的机制设计对改善企业并购环境，实现企业并购正面效应，规避负面效应，优化我国产业结构和提高我国企业的国际竞争力，具有积极意义。

第十三章
国有经济布局优化和结构调整要重视机制性工作

一、为什么推进企业并购重组要重视机制设计

（一）机制设计有助于解决企业并购重组中的激励兼容和信息效率问题

机制设计主要指在信息不完全、决策分散化、自由选择及自愿交换的条件下，能否及如何设计一套规则来达到既定目标，并能比较和判断该机制的优劣（判断一个机制好坏有三条基本标准：是否实现了资源的有效配置，是否具有信息效率，是否实现了激励兼容）。机制设计的代表性方法是“提供激励，促使代理人显示其真实信息，得到分散式问题的优化解”。由于认识到参与约束、激励兼容约束的重要性，考虑了信息不对称、道德风险等对局中人的影响，重点解决信息成本（机制设计要求较少的经济活动参与者的信息，并尽可能降低信息传递成本）及激励与机制设计的关系问题，好的机制设计在多个层面——从整个经济社会的制度设计到仅有两个参与者的经济组织管理——均可实现有效配置资源、利用信息及激励兼容（设计的机制必须要与参与者的自身

激励相一致，即机制的运行能保证即便每个参与者按照自利原则追求个人目标，机制实施的客观效果也能达到设计者所要实现的目标），使经济活动参与者的个人行为符合设计者既定的目标。

从交易实现方式上来看，企业并购主要有协议收购和集中竞价收购两种。协议收购的主要问题是难以揭示真实信息，这既有企业故意隐瞒的主观可能，也有环境变化导致情况变动的客观因素；集中竞价收购的主要问题是存在要么资产低估，要么“赢家诅咒”的两难选择。引入与应用机制设计，能较好解决上述问题，对政府政策如何合理激励企业、有效协调企业行为以使并购重组活动更具成效，具有指导意义与实践价值。

（二）科学的机制设计可引导企业自主行为达到预定并购重组目标

1. 政府可在“真实信息揭示”基础上用促成达至“激励兼容”条件的支持，鼓励有条件的企业开展协议并购重组活动

我国企业产权转移中更倾向于采取协议收购方式，原因是：我国很多（上市）公司的股权结构中，尚未流通的国有股、国有法人股和一般法人股占据较高比例；企业交易同普通商品交易有很大不同，企业是非标准化“产品”——没有任何两个企业是相同的，难以通过市场竞争确定所谓均衡价格，难以标准化处理。在这种情况下，协议并购成为优先选择。

协议并购中各方关心的主要问题是股权转让数量、股权价格和支付安排以及人事的安排等，本质上是利益分配问题，特别是因合并重组期望产生协同效应等而导致的利益分配问题。双方在这个关键问题上的考虑与意愿，决定了博弈的形式与结果。而作为企业协议并购重组中的机制设计者（如相关地方政

府及国有资产管理部门，或并购活动主体中的其他积极主导者），需要清楚各方关切，根据并购主体各方和自己的目标，设计激励兼容和具有信息效率的机制，以促成并购主体达成更有效配置资源的并购协议。一般而言，企业协议并购重组过程中的机制设计要重视以下3点。

（1）企业协议并购重组大多是一个时间长、多阶段的博弈过程，企业价值往往会随时间推移、环境变化而发生较大波动。进行方案设计时要对一定时期内的发展趋势进行情景分析，并根据未来可能的变化准备多种针对性应对方案。

（2）“真实信息揭示”对企业并购重组成功至关重要，是企业并购重组活动得以顺利进行并能进行有效整合的前提。企业协议并购重组中，双方博弈的焦点是利益分配，并都有使自己利益最大化的动机。使自己利益分配比例增大的可能途径主要是高估己方价值或低估对方价值。客观、准确、完整的企业价值评估非常重要。在进行资产评估、法律和财务审计及尽职调查等工作的同时，对于故意隐瞒真实信息或提供欺骗信息的行为要有惩罚措施。对于因环境变化导致的客观变动，可通过锁定条款、排他协商条款、不可抗力条款和终止条款等予以甄别和限制，尽量减弱其对并购的扰动。

（3）促成满足“激励兼容”条件的外部支持有助于实现企业并购重组。一定情形下，为了促成协议，机制设计者应有可置信的威慑策略。实现途径有二：在企业自主博弈阶段给予支持以激励双方达成协议，或在机制设计者主导下的有限选择阶段给予惩罚。若参与者均在机制设计者的协调范围之内，在自主博弈阶段给予具有“激励兼容”性的支持比在有限选择阶段给予惩罚更有意义，原因是并购活动需要尊重企业主体意愿，“支持”较“惩罚”更具法理基础、更“市场化”、更易实施。若机制设计者不具备协调博弈双方的全面能力，则需要考虑确定合适的惩罚力度，如支付罚金、增加退出成本等。2009年中国铝业集团有限公司注资力拓集团案即为一例。

2. 利用拍卖机制将稀缺资源分配给最有能力运用该资源者

拍卖是在明确规则下，基于参与者的竞标来决定资源分配和价格的一种市场制度，必须满足有两个以上竞拍者、要有竞争、价高者得三个基本要求。由于可以更公平、更透明、更有效率地配置稀缺资源，拍卖是企业产权转让中相对科学的一种市场化定价机制，是企业实现并购重组的一个重要方式（特别是集中竞价并购重组），在企业产权转移中具有很好的应用空间，较招投标更适用于企业产权转让。2003年，《企业国有产权转让管理暂行办法》明确拍卖机制为国有产权转让的重要手段之一。

拍卖机制最大优势在于通过竞争将稀缺资源分配给最有能力运用该资源者。由于企业大多需要继续经营，企业产权拍卖的最主要目的并非实现资产价值当期最大化，而是要通过机制设计合理的竞争，更有效率地将被拍卖企业分配给最有能力有效支配、运用该资源者，并塑造未来市场的竞争性结构。特别是当资产出卖者是各级政府时，尤为如此。设计得当的拍卖机制应该既能减少因信息不对称而导致的拍卖者损失，又可遏制非理性竞拍行为而避免“赢家诅咒”。因企业是一个庞大的多样化群体，应根据其不同属性，采取不同的有针对性的拍卖方式。对适用于企业（产权）转让的英式、荷式、一级价格密封和二级价格密封等四种主要标准拍卖方式，优先次序排序如下：优先推荐二价密封拍卖，一般企业产权转让均适用；英式拍卖次之，较为适用优质企业产权；荷式拍卖再次之，适用于不良的、急于处置的企业产权；而一价密封拍卖因既不提供竞拍者出价信息（可作为对被拍卖企业的参考评价），竞拍者也没有修正机会，一般认为不适宜应用于企业（产权）拍卖。

（三）改善政府规制能力，为企业并购重组创造更好外部环境

企业并购交易能在自愿原则下、市场环境中体现并购主体的价值。一般情况下，政府不应干预。但企业并购是内因和外因共同作用的结果，涉及多方利益，且各方在并购中的目标取向和实际损益并不完全一致，往往离不开政府的介入。

1.改善政府规制能力有利于更好地鼓励企业并购重组

我国过去几年的并购重组总的政策趋势是“放松管制、鼓励并购重组，同时规范并购重组行为”。不论是从国际经验还是从理论研究来看，只有改善政府规制能力才能更好地放松管制、鼓励企业并购重组，以实现提高资源配置效率、维护正常公平竞争、保证市场竞争机制有效运行的目标。政府往往兼任机制设计者和规制者双重角色，只有具备更全面的能力，特别是更完善的信息收集、处理能力才有可能胜任。就企业并购重组活动而言，机制设计者或者规制者至少需要从以下三个方面完善自身能力。

一是规制者要提高对企业并购重组行为的预知能力。规制者可以依据一个简单原则来分析是否应该约束企业的并购行为：如果并购使得产品价格显著上升，则这样的并购应受到限制。由于观察到价格变化是并购活动的事后行为，因此，政府规制者需要事先就能较准确地预测企业兼并后的价格变化。西方国家一般通过预测企业并购对市场集中度的影响来间接预测其价格效应。一般而言，兼并企业的规模越小，价格上涨的可能性和幅度就越小。原因是大企业之间的合并较小企业之间的合并而言，更易控制市场、操纵价格；小企业更容易从合并中获得技术效率和成本优势。

二是尊重市场规律，同时发挥政府在某些“市场失灵”或“非政府不行”领域的积极作用。20世纪中后期以来，许多国家反垄断政策对企业并购活动经

历了一个从严到松的转变过程，主要是为了适应经济发展和增强本国国际竞争力的需要。我国近几年的政策趋势也是放松管制，鼓励企业并购重组。但我国情况与西方发达国家有所不同：发达国家的垄断企业主要是通过竞争形成市场集中或因自然垄断，进而导致市场垄断行为出现；而我国垄断企业大多不是通过市场“看不见的手”而是依靠政府“看得见的手”实现垄断地位，主要是行政性垄断行为。对行政性垄断行业，政府需要引进竞争机制，使其市场结构从垄断性向竞争性变革，而不是放任行政性垄断企业通过并购重组等方式进一步强化其垄断地位。对于一般性行业领域，政府要尊重市场规律，尊重企业的市场主体地位和市场行为，尽可能以市场化方式来鼓励、支持企业并购重组，主要是排除诸如“条块分割”等必须要由政府才能排除的企业并购重组障碍，即政府在推进企业并购重组方面应以消除障碍为主、行政推动为辅。尤其是在当前经济调整期，为应对国际金融危机，我国十大产业调整振兴规划中有六大产业明确提出要推进企业兼并重组，更需要重视这一问题。

三是不断完善信息处理能力。从机制设计理论角度出发，能否有效利用、处理信息是能否实现机制设计目标的重要基础。实践中，信息不对称问题使得规制者在信息上处于劣势，而被规制者——处于第一线的企业有信息上的优势。设计有效的规制机制，使企业有动机显示真实信息，为机制设计提供好的信息和分析基础，有利于保证规制目标的实现。在有充分的、质量足够好的真实信息基础上，机制设计者还应保证有足够数量的高水平人才队伍，能消化、吸收这些信息形成知识、智慧，提供决策支持，最终转化成能被广泛接受的制度。

实际上，能否获取“足够的真实信息”，能否“充分尊重市场规律”，能否“提高对企业并购重组行为的预知能力”，前提保证都是要有一支高素质的人才队伍。规制者只有具备了人才优势，才能扭转信息劣势，进行有效规制。

2.政府规制企业并购行为更需要首先主动揭示完整真实信息

从机制设计理论出发，政府在规制企业并购活动时应主动揭示真实信息。即对企业并购活动的规制，必须有明确的具操作性的指导原则，并予以明示。首先，政府规制企业并购行为需要明确目标。如当前企业并购重组普遍是追求规模型的“大吃小”行为，有的甚至是“没有效率的大”吃掉“有效率的小”。就此而言，并购重组政策取向需要明确效率优先还是规模优先、处理好企业做大与做强的关系等问题。其次，明确的企业并购活动指导原则能使政府规制行为规范，有法可依、有章可循，尽量避免干预那些有利于市场竞争或对市场竞争影响中性的并购活动。最后，企业自己就能根据这些规制原则主动校正自己的并购行为，使得并购活动更有效率。颁布规则明确、有具体指导功能的并购指南等实际上也可视为对企业并购规制者在揭示真实信息上的“规制”。

3.完善和发挥法律体系在规范企业并购行为的作用

改善法治环境能为市场化并购的发展提供最为有利的条件。我国涉及企业并购的法律包括《中华人民共和国公司法》《中华人民共和国证券法》《中华人民共和国合同法》《中华人民共和国劳动法》《中华人民共和国税法》《中华人民共和国反垄断法》及有关行业法规等，并购法制体系基本形成、内容基本完备，且保障上述基本法律实施的配套行政法规及地方规章多已基本建立。当前突出问题在于提高法律的可预测性、可执行性和时效性。我国规制企业并购行为的主要法律基础是《中华人民共和国反垄断法》。西方发达国家更辅之以有明确规则的（横向）并购指南进行更具体的指导。如美国规制垄断行为有完善的法律体系，并发布了指导控制并购标准的企业并购准则。我国反垄断法于2008年8月1日生效，有关配套实施细则近年来开始相继出台，若这一系列法规能确立有效的经济标准，将不仅能为规范我国企业并购重组活动发挥作用，同时也能成为企业开展并购活动的指南。如果在微观层面上，针对具体案例有实现“资源有效配置，信息有效利用，激励兼容”的针对性机制设计；在宏观层面上，能充分发挥并购法制体系这一顶层制度的普遍性作用，两方面相得益彰，必然能更有效地规制、指导企业并购重组活动。

经过中央和地方、政府和企业多年共同努力，我国国有经济布局优化和结构调整取得了国有资本向重要行业、关键领域和优势企业集中等阶段性成果，但也存在国有经济布局主要依赖增量调整而存量调整缓慢、国有资本流动性不强、国有企业结构有待优化等问题。国有经济应在明确基本定位的基础上，进一步完善与布局优化和结构调整相关的机制性工作。

二、更高质量地持续推动国有经济布局优化、结构调整

党的十九大报告和二十大报告都对国有资本布局优化调整提出了要求：做强做优做大国有资本。“做强”意味着要更加重视安全性，既要通过投资组合等资本运作常规方式避免“鸡蛋放在一个篮子里”的经营风险，还要有效避免各种形式的国有资产流失；“做优”意味着要更充分利用资本的流动性，在国有资本有序进退当中实现国有经济的布局结构调整优化。“做大”意味着要重视国有资本的营利性，通过市场化、专业化运营实现国有资本保值增值，为保障国家战略目标和国有经济可持续发展提供可持续的国有资本投资收益，并成为公共财政的补充来源。要实现这些目标，需要进一步完善国有资产管理体制，淡化国有资本的“工具”和“抓手”功能，强化国有经营性资本的收益性功能。

与这些要求相比，国有资本布局优化与结构调整还有较大空间：首先，国

有资本在创新性、战略性领域的布局还不够，尤其在重要产业的核心技术、共性技术、关键零部件等“卡脖子”环节，国有资本需要加大投入，发挥更大作用。其次，增量国有资本在以基金的形式还是以特殊法人国企的形式投入战略性领域，需要进一步平衡，不同领域、不同目标，可有不同的实现形式。更重要的是，平台层面的存量国有资本调整机制还有待完善，国有资本投资、运营公司促进国有资本流动的功能尚未充分发挥，这直接影响甚至决定着前两个问题的改善与解决。最后，尽管我国国有经济布局优化和结构调整取得了阶段性成果，但也存在存量调整缓慢、国有资本流动性不强、国有企业结构有待优化等问题。

下一步，为更高质量地继续推动国有经济布局优化结构调整，推动国有资本向关系国家安全、国民经济命脉和国计民生的重要行业和关键领域、重点基础设施集中，向前瞻性战略性产业集中，向具有核心竞争力的优势企业集中，重中之重是完善国有经济布局优化与结构调整的机制性工作，如发挥“两类公司”国有资本运作平台实质性作用，完善国有资本运营机制；完善产权交易市场，强化国有经济调整优化、国有资本形态转换的市场化交易机制；发展混合所有制经济，完善不同类型资本的“双向进入”机制；推进经营性国有资产证券化、国有资本基金化，提升国有经济创新力，构建特困国企退出机制，完善国有资本有序进退的动态调制机制；在国企战略性重组的基础上实施专业化整合，完善国企重组整合机制。

三、发挥“两类公司”国有资本运作平台实质性作用，完善国有资本运营机制

“两类公司”（国有资本投资、运营公司）是完善国资管理体系和实现

“管资本为主”的核心环节。十八届三中全会以来，21家央企和140多家地方国有企业开展了改革试点，积极开展体制机制改革和探索资本运营，但也还存在少数“两类公司”回归行政化、部分“两类公司”被虚化、普遍只是简单翻牌等问题。

《关于推进国有资本投资、运营公司改革试点的实施意见》和《改革国有资本授权经营体制方案》已经出台，“两类公司”发挥实质性作用具备了政策条件和基础，应进一步发挥其“两主体一通道”（资本持股主体、运作主体及进退通道）作用，以资本流动、产业引领、区域布局等促进国有经济布局调整、结构优化。

（一）真正做实“两类公司”

“两类公司”是政府与市场的“界面”，需要发挥“防火墙、隔离层和转换器”作用，促进政企分开和政资分开，实现出资人与公共管理者职能、国有资本所有权与企业经营权、资本运营和生产经营“三分离”。

为实现上述功能，需要厘清“两类公司”与国资监管部门、出资企业等利益相关者的“上下左右”关系，避免其被虚化或回归行政化。国资监管机构要按“管资本为主”转变职能和转换管理方式，聚焦管资本的“优化布局、规范运作、提高回报、维护安全”四项重点工作，落实“三个归位”（将依法应由企业自主经营决策的事项归位于企业、将延伸到子企业的管理事项归位于一级企业、将配合承担的公共管理职能归位于相关政府部门和单位）；及时公布并落实权力、责任和授权放权三个清单，为“两类公司”发挥公司制、市场化出资人的实质性作用提供空间。

在市场化运营国有资本时，“两类公司”主要以公司法为依据、以出资额为限、以股权为纽带、以公司治理为渠道、以派出股权董事为手段、以市场化方式参与和影响出资企业的重要经营决策，是其出资企业积极而又有限的股东。

“两类公司”为履行积极有限股东权责，必须兼具“用手投票”和“用脚投票”能力，除有特别约定之外，其所持国有股权均可流动、可变现，破除国有资本长期凝滞的消极效应，并以资本流动来传递资本市场压力。

（二）切实发挥“两类公司”调整基础产业、发展战略性新兴产业等平台作用

《关于推进国有资本投资、运营公司改革试点的实施意见》明确要求“两类公司”应服务国家战略需求。在当前阶段，这一任务主要体现在支撑构建现代化经济体系、促进高质量发展等方面。

为此，首先，“两类公司”要适应竞争政策、支撑创新政策和落实产业政策，发挥考核评价体系的导向作用，以市场化机制来调整国有资本流向，围绕功能定位和战略任务开展产业投资、资本运营和股权管理，优化基础产业布局和结构。

其次，“两类公司”将产业投资基金作为培育发展战略性新兴产业的重要途径，聚焦创新型和高成长性企业，探索进入“云大物智”等技术领域，参与解决国家产业体系“缺芯少魂”问题及“卡脖子”技术难题；设立产业扶贫基金、投资康养产业，助力民生发展，加大对经济社会发展重点领域、薄弱环节的投入。

最后，“两类公司”要完善专职股权董事制度、建立股权董事库，做实出资企业董事会；根据出资企业具体情况，按“一企一策”原则分类开展授权改革，将选人用人、考核评价、薪酬分配等授权给出资公司董事会，推动权责到位和对等，将产业经营职能下沉到专业化公司。

（三）促进“两类公司”的转型与提升能力

为更好地以市场机制服务国家战略，“两类公司”要加快从传统产业集团向国有资本投资、运营公司转型，随着其出资企业的类型和股权结构的多元化，必须弱化基于母子公司概念的“集团管控”，强化基于平等法人财产权意义上的“公司治理”；弱化实业经营企业的“业务体系”观念，强调注重投资收益和风险防控的“投资组合”意识。

同时，“两类公司”要及时搭建和完善投资、融资及资源整合的资本运作体系，重点是建设和完善用人、考核和薪酬三大机制和股权管理、风险管理和派出董监事管理三大制度；构建“两类公司资本层—专业公司资产层—生产企业执行层”三层分工架构；按照“机构从简、人员从优”原则，通过人才配置、组织架构与部门职责调整，建立精干、规范、高效的资本运营型总部及与之相适应的组织机构和决策体系，建立前中后台协调的工作机制，提升战略决策、资源配置、资本运营、风险管理、考核评价等核心能力。

四、完善产权交易市场，强化国有经济调整优化、国有资本形态转换的市场化交易机制

我国产权交易市场从服务国有产权转让开始起步，31年来在服务国企并购重组、产权流转、资产盘活、资产出清和企业融资等方面发挥了重要作用，支持了国有经济布局调整——党的十八大以来的7年间，产权交易行业累计交易额达38.32万亿元；2018年行业交易额达12.39万亿元，比2017年增长56.9%；2016年和2017年，中央和地方国企通过产权交易市场盘活存量资产超5000亿元，平均增值率近20%；2016年至2018年，国企混改项目通过产权市场的交易

额超过6000亿元。

新一轮国企改革，“国有企业增资业务全部进入依法设立的产权交易场所进行”等相关政策要求，使产权交易所促进国有资产流转具有了更大空间。

下一步，作为非标资产交易、规范发展混合所有制经济和企业并购重组的重要场所，产权市场应主动配合国有资本的有序进退和形态转换，结合发展混合所有制经济、供给侧结构性改革、国企去杠杆等工作，聚焦权益流转和融资服务两大功能，促进产权市场与证券市场、上市公司与非上市公司、央企和地方国企、国有企业与民营企业之间的联动，协助标的企业寻找最能促进企业发展的战略投资者，实现企业产权资源配置的调整与优化，进而促进国有经济的布局优化、结构调整。

完善产权转让和交易的法律法规，为产权交易中的新业务、新领域提供法律依据，使企业产权转让交易和企业兼并重组行为有法可依。应在各地经过实践检验有效的现有产权交易制度基础上，出台“产权交易法”，明确产权交易的范围、内容、程序、方式，明确产权交易的主体、监管机构、中介机构的职能、违规操作处罚条款等；以专门的上位法作基础支撑，从国家层面支持产权交易的合法性和权威性，从源头防止国有资产流失，并避免产权交易市场开展业务创新时可能会遭遇相关法律滞后的制约。

以具备条件的区域性产权市场为载体，加强跨区域市场协同发展，探索建立统一结算制度和全国性统一市场，缓解多层次资本市场发展与产权交易所按地域相对封闭运行的矛盾。

适应环境变化、国有经济运行特点和企业需求，产权交易市场要强化信息体系、信用体系、市场服务体系、行业标准体系等基础建设，创新信息披露、权益保护、资产评估、监督管理等相关制度，推进信息披露、交易规则、交易系统、过程监测的“四统一”；完善集中交易的会员制运行模式和竞价机制，发挥产权交易市场的信息积聚、资本积聚、价格发现、要素配置、风险分散、制度规范和中介服务作用，活跃产权市场、规范产权交易行为、保护交易双方合法权益。

五、发展混合所有制经济，完善不同类型资本双向进入机制

混改是国企产权改革的主要手段，也是国有经济布局调整的重要途径。2018年底，实施混改的国企户数占比超过了70%；混合所有制企业已成为国企中最具活力的群体。下一步，要通过发展混合所有制经济，完善不同类型资本的双向进入机制，推动国有经济布局优化、结构调整，促进形成“国民共进、协调发展”的经济格局。

我国政策导向与企业实践均表明，“国民关系”的趋势是相互融合而非绝缘独立。国有经济与民营经济通过双向进入发展混合所有制经济，成为各种资本相互融合的有效途径，促进了各种类型资本取长补短、共同发展。

国有资本出资人代表机构以积极有限股东身份开展股权调整，以所有制结构的优化来调整国有经济布局；根据行业属性、企业特点和股权结构的“关键拐点”（10.00%、33.33%、50.00%、66.67%等），设计混合所有制企业的股权结构，避免“一股独大”，以优化股权结构来完善公司治理结构。

在已明确的七大重点领域尤其是行政垄断行业，促进国企混改与行业体制改革相结合，以同时实现产权和产业的双重开放、相互促进。

注重以混合所有制企业形式实施“走出去”，优化国有经济的国际布局。对布局于一般竞争性领域、国资仅仅是参股的混合所有制企业，建议不再要求“参照执行”针对政府部门和国有独资公司的管理办法，这类企业的高管人员不应被视作国家公职人员，对职业经理人和外籍管理人员的个人事项申报、上

交因私护照等事项作出例外规定。这既有利于混合所有制企业更灵活地开展海外布局，也有利于应对一些国家针对国企的投资审查和竞争限制。

六、完善国有资本有序进退的动态调整机制

完善国有资本有序进退的动态调整机制，是国有经济布局优化、结构调整的基础条件。

（一）推进经营性国有资产证券化

推动国有资产证券化需要以“两类公司”为平台、以优质国有资产为载体，借力多层次资本市场，以证券化提高国有资产流动性。

持续推动国有资源资产化、资产资本化，将优质国有资产优先纳入资本化、证券化通道，放大可证券化资产规模，促进合格的国有资产进入上市公司体系。

按可否上市为标准，分类处置国有资产。可上市但未上市资产是国有资产证券化的重点，除公益性资产、不良资产、限制性产业资产、支撑性资产等难以上市资产外，遴选出更具上市潜力的资产，根据资产质量和产业属性，相应地开展资产重组、混改、产权结构优化调整、体制机制改革；筛选优质标的公司作为载体，可打造上市公司，也可择机注入上市公司。

重视国有资产证券化后的持续合规与保值增值，改善投资者关系管理、价值管理和市值管理。以真实、完整、及时的信息披露，构建上市公司与投资者、监管者的交流渠道；围绕上市公司的价值创造和再造，建立并完善市值管理制度，提升价值创造能力。

（二）完善国有资本基金化的运行机制

国有资本基金化是调整优化国有经济布局的重要趋势之一，需要进一步利用基金在资本汇聚、风险分散、信息揭示、激励约束和促进国有资本形态转换等方面的机制优势。

出资人代表机构要加强国有资本基金化的统筹协调，设计国有基金工作协调机制和制定发展规划；通过适当让利、明确优先劣后级别等结构设计，兼顾多主体目标，实现激励兼容，引导社会资金集聚，形成资本供给效应。

构建良性政企关系。国有资本主导的基金要去行政化、取市场化，既要避免不当行政干预，也要避免政府对高风险、加杠杆的基金承担无限责任；政府部门不代替基金专业管理团队决策，不干预基金的具体管理和运作。为此，要构建所有权、管理权、运营权相分离的管理运行体制，出资人部门、管理部门、受托部门均按基金章程和合作协议，依法履职行权；出资人部门以公司治理为主渠道参与母基金机构重大事项决策，不扭曲设立基金时的政策目标，不将基金变形为招商引资的手段或地方投融资平台的变种。

国有资本主导的基金按照“服务国家战略为目标、市场机制为运作基础”开展制度创新，构建既能保证国家战略又能充分授权便于市场化运作的管理架构；完善投资决策机制，各层建立各自的治理体系及支撑决策的支持机构（如投资决策委员会、专家咨询委员会等），实现人员专业化、决策科学化、运作市场化，以组织保障落实“国家战略与市场机制结合”原则。

国资基金强调稳健可持续发展，以“能看懂、能看清、能承受、能守住”为前提开展“募投管退”。借鉴市场化基金成熟经验，完善国资基金的绩效考核体系、激励约束机制、信息披露机制和风险防控机制；借鉴市场化基金的收益分成、跟投、员工持股、合伙人负责制等成熟机制，缓解委托代理中因信息不对称带来的道德风险、逆向选择等问题。

（三）促进国有资本更多布局于科技创新和战略性新兴领域，提升国有经济创新力

在大国博弈加剧、科技革命和产业变革浪潮汹涌之际，要求国有资本加大战略性新兴领域的投入，提升国有经济创新力。

国有资本要在攻克产业体系“缺芯少魂”难题和突破“卡脖子”技术瓶颈等方面发挥作用：借鉴风险投资基金经验，以基金方式加大对初创期创新型企业的支持，进入战略性新兴产业，促进创新成果产业化。

大型国企具有资源优势，长期积累建立了技术体系与人才储备，并且还是科技创新成果的重要用户，在构建以市场机制为基础、多主体协同、动态开放的国家创新生态系统中，能发挥积极作用。政府可以通过改善科技发展环境（如保护知识产权、弥补技术市场失灵）、支持基础和前沿技术研究、协调行业通用技术研发、投资事关国家安全的科技、政府采购启动市场等方式，鼓励大型国企紧抓新一轮科技革命和产业变革机遇，加快企业转型升级；发挥科研院所转制央企提升产业基础能力和支撑“补短板”作用，支持国企参与构建应用型公共研究体系，促进创新发展。

（四）加快特困国企的退出及改革

“僵尸企业”长期存在，浪费社会资源、破坏市场优胜劣汰机制、扰乱公平竞争市场秩序、加大处置成本；而处置不当可能会引发区域性金融风险，导致隐性失业显性化，诱发社会不稳定因素。

为此，应在供给侧结构性改革前期工作积累的经验基础上，运用市场机制、经济手段、法治办法，坚持调整存量、引导增量、主动减量，畅通退出通

道、完善退出机制，推动特困国企改革。

对特困国企产权改革不再设置前提要求或限制，如不设准入门槛、不限持股比例、不限合作领域、不限改革方式，以缓解特困国企乏人问津的问题，为各类投资者以多种方式灵活参与特困国企改革脱困，创造可能的条件。

发挥资产管理公司的资产重组专业化运作平台作用。将特困国企划转给资产管理公司，由其按市场化原则，通过整体划转、挂牌转让、清算注销、依法破产等方式，实施清理退出战略。重点是对“僵尸企业”进行债务重组、人员安置、资产处置和资本运作，关键是实现“人资分离”——人员安置依政策、保稳定，资产盘活进市场、挖价值。

七、在国企战略性重组的基础上实施专业化整合，完善国企重组整合机制

我国长期持续深入推进国企兼并重组，积累了丰富经验，但也存在行政主导、“重重组、轻整合，重规模、轻效率”等矛盾。下一步，过去持续大规模推进国企兼并重组的思路应有所调整，适当控制国企兼并重组的节奏，从重重组转向重整合、从求规模转向讲效率。后续工作重点是在战略性重组的基础上实施专业化整合，提升国企重组质量与整合实效。

建立和完善股东协调机制，以减少对国企兼并重组的简单依赖。主要是发挥国有资本出资人代表机构的协调作用，理顺国企间的竞合关系，减少无序竞争和重复建设。

促进实质性整合，以一体化为目标推进企业重组后的业务整合，优化业务布局，避免业务重叠、管理层级过长；以产供销统一、人财物统筹为重点，整合管理和业务部门，促进企业融合；发挥重组各方优势的溢出效应和资产、

技术、市场等方面的互补性，释放规模经济效应和范围经济效应，实现经营协同、财务协同和公司治理协同，产生协同效应。

为使机制改革生效，应推进相关的体制改革到位、机构改革做实，推动配套改革的跟进与配合。如进一步明确国家所有权政策，对国有经济适应重大环境变化、更积极地实施布局优化和结构调整，作出制度性安排；将国有经济布局优化、结构调整与全面深化改革结合；建立和完善授权与激励机制、风险管理机制、纠错容错机制等，消除制度障碍，促进国有经济布局优化与结构调整取得新的突破性进展。

第十四章
国有资本投资、运营公司要尽快实现机构转型与能力提升

自2014年开始国有资本投资、运营公司（以下简称“两类公司”）改革试点以来，中央21家、地方140多家试点企业开始了各有侧重的多种探索，积累了丰富经验，但普遍存在不同程度的“简单翻牌”问题。“两类公司”要完整发挥国有资本运营平台的实质性作用，必须全面转型、提升能力。

一、“两类公司”要转变观念、重塑职能、重构组织，实现机构转型

综合央地试点企业的探索与实践，“两类公司”要避免“简单翻牌”并完整发挥实质性作用，必须完成全面转型，尤其是由产业集团改组而来的“两类公司”，要加快从传统产业集团向国有资本投资、运营公司转型。为此，“两类公司”应制定组织机构设置和职能调整方案，实现观念转变、职能重塑、组织重构和业务转型。

重塑公司职能。随着“两类公司”出资企业的类型和股权结构的多元化，

必须弱化基于母子公司概念的“集团管控”，强化基于平等法人财产权意义上的“公司治理”。在此理念转变的基础上，制定并落实职能调整方案，从过去传统产业集团关注的集团管控、业务体系建设、安全生产等实业管理型职能，转换到战略决策、资本运作、资源配置、风险管理、考核评价等投资管理型职能，并完善相关工作流程。

推进业务转型。“两类公司”不从事具体生产经营活动，如果硬要套用传统业务体系概念，其“主营业务”将不再是传统意义上的，而更多接近投资公司或金控集团，如企业并购重组、股权投资与管理、上市公司市值管理等。而且其业务结构具有调整优化的灵活性（尤其是运营公司），以避免业务结构固化对产业投资和资本流动的限制。因此，“两类公司”还有必要弱化实业经营企业的“业务体系”观念，强调注重投资收益和风险防控的“投资组合”意识。

重构组织架构。与职能转变和业务转型相适应，“两类公司”要按照“管资本”要求，重构组织架构、调整人力资源结构：按照“组织结构服从战略”及“机构从简、人员从优”原则，通过人才配置、组织架构与部门职责调整，建立适应资本运营型公司需要的组织机构和决策体系。从实践来看，构建“‘两类公司’资本层—专业公司资产层—生产企业执行层”三层分工架构，采取“前中后台互为支撑”的组织架构，是试点企业较为普遍的选择。与三层分工架构相配套，需要落实授权放权制度和完善激励约束机制；与职能部门分为前中后台的组织结构调整相配套，需要建立前中后台相互协调、高效协作的工作机制。

二、提升“两类公司”积极有限股东的履职行权能力

“两类公司”与产业集团或国资监管机构到底有何不同？基于试点企业的

经验，可以认为“两类公司”性质迥异于一般的产业集团——“两类公司”直接持有股权，经营国有资本而不从事具体生产经营活动；也有别于行政化的国资监管机构——“两类公司”是公司制、市场化的纯粹出资人机构，在授权范围内履行国有资本出资人职责。

可见，“两类公司”是所持股企业积极而又有限的股东。为履行积极有限股东的权责，“两类公司”需要与全面转型相适配，提升履职行权能力，包括“管资本、股东权益保护和股东协调、制度建设和以市场机制落实国家战略、战略决策和考核评价、风险防控”等核心能力。

（一）提升管资本能力

“两类公司”是实现“管资本为主”的核心环节，提升管资本能力的重要性不言自明。“两类公司”必须强化驾驭金融工具的意识和能力，利用资本市场，既抓“增量资本引入”，也要开展“存量资本优化”，提升资本运营、资源配置、价值创造等管资本相关能力。

首先，“两类公司”要提升以资本运作为主的金融服务能力，通过资产证券化、投资基金化等形式，对接资本市场，展开“募投管退”，提高资本回报水平。

其次，“两类公司”能综合运用各类金融工具，服务企业并购重组和整合、资产结构调整和业务组合优化等工作。

再次，“两类公司”要提升资源配置能力，利用对战略性资源的控制，挖掘战略性投资机会；通过对重要人力资源、资金资源、资产资源和信息资源的开发和配置，实行余缺调剂，保障重点投入，优化投资组合。

最后，“两类公司”要提升价值创造能力，通过实施股权管理、投资者关系管理、价值管理和市值管理，提升存量资本的股权价值。

对国有资本投资公司而言，还必须发挥调整基础产业、发展战略性新兴产业的平台作用，提升产业培育和产融结合能力。国有资本投资公司要适应竞争政策、支撑创新政策和落实产业政策，围绕功能定位和战略任务开展产业投资，优化产业布局、产业结构和投资组合；同时，加强投后管理，统筹配置产业资源支持产业公司成长发展，提升产业链分工地位、供应链战略管控能力、价值链核心环节增加值获取能力。

（二）提升股东权益保护和股东协调能力

“两类公司”运作国有资本时，以资本为纽带、以产权为基础，主要依照《中华人民共和国公司法》（以下简称公司法）和公司章程，通过股东会、董事会行使与股权份额对应的股东权利；通过提交股东议案、行使股东投票权选举董事会、监事会等方式，体现股东意志、维护股东权益、影响公司决策、监督经理人员；以出资额为限行使股东权利，同时也仅以出资额为限承担相应责任。同时，“两类公司”兼具“用手投票”和“用脚投票”能力（除有特别约定外），开展股权管理；制定出资企业利润分配工作指引，规范国有资本收益的收缴，保障依法依规及时收取股东分红。

参与公司治理是维护股东权益的重要制度安排。“两类公司”主要以公司治理为渠道，做积极有限股东，既不缺位，也不越位，着眼于重大事项决策，但不干预出资企业的日常经营。“两类公司”参与出资企业的股东大会、董事会及监事会，通过设立专业委员会等来完善公司治理体系的机构设置和机制设计；向出资企业派出专职股权董事和监事，对派出的董事、监事进行业务培训，落实工作报告制度，规范履职流程，加强考核管理，确保派出的董事、监事有效履职行权。

“两类公司”应建立股东协调机制，提升积极股东的协调能力，理顺出资企业之间的竞合关系，减少关联交易、防止同业竞争、避免无序竞争和重复建设，促进重要资源设备在出资企业之间的共享。

“两类公司”还是深化国企改革的平台，在符合条件的所持股的国有控股企业中，积极推进混改、推行职业经理人制度等改革，发挥综合改革的系统效应。

（三）提升制度建设和“以市场机制服务国家战略”能力

一方面，“两类公司”要履行好出资人职责，需要制定相关制度，维护和落实对所出资企业的股东权益，重点是股权管理、派出董监事管理和风险管理三类制度。

股权管理制度主要由授权管理、资本管理、战略规划、风险管理、履职评价等一系列工作指引组成，支撑派出董监事参与所出资企业的治理。

派出董监事管理制度，重点是制定股权董监事工作指南，建立并完善“分类管理、共享支持”的派出董事管理制度；明确对派出董监事的任职资格、选聘方式、任职程序、考核评价、薪酬福利、监督约束、培训开发等；细化派出董监事的具体工作职责、与出资企业进行议案沟通及日常工作相关程序。

风险管理制度重点是建立健全风险防控的制度体系，具体方法有管理提升建议函和风险提示函（两函制度）等。

另一方面，“两类公司”要按照分层分类原则，建设和完善用人、考核、薪酬、决策、投资管理和前中后台协调工作等机制，提升“以市场机制服务国家战略”能力。

用人机制，主要是选聘专业化、多元化董事、监事，推行市场化选聘经营管理层，探索职业经理人制度、落实“三能”机制等。

考核机制，主要是根据高管人员的层级和选任方式，明确绩效考核主体、考核对象和考核内容，由不同机构（上级组织或董事会）实施绩效考核。

薪酬机制，结合选人用人的方式，实行与选任方式相匹配、与企业功能性质相适应、以岗位价值为基础、与经营业绩相挂钩的差异化薪酬分配办法。

决策机制，主要是突出和规范董事会建设，依法落实董事会职权，强化董事会作为公司决策机构的地位。加强董事会机构建设，设立战略与投资、合规与审计、薪酬与考核等专门委员会，发挥专门委员会对董事会议题的发起、研究、建议、落实及评估的职能作用；完善董事会工作机制，加强议题管理；严格实行“集体审议、独立表决、个人负责”的决策制度，保障董事会决策的科学性、独立性和权威性。

投资管理机制，主要是设立投资咨询委员会、决策委员会，明确投资决策和管理标准，制定审议、汇报、沟通、投资管理、分类决策等机制，落实投资管理权限，实现动态、专业、高效的投资。

建立前中后台协调的工作机制，主要是通过组织机制、流程控制和信息化建设，建立前台职能完善、中台风险控制严密、后台保障支持有力的组织架构，前中后台既职能清晰又有机衔接；建立组织协调机制、完善联合工作机制，促进部门之间协调联动，实现前中后台的清晰分离与有效的协调配合。

上述制度安排与机制设计，要有利于形成国家战略与市场机制的有机结合，为“两类公司”以市场机制落实国家战略提供制度基础和机制保障。

（四）提升战略引领和考核评价能力

“两类公司”提升战略引领能力，有两方面考虑。

一方面，考虑到在转型期过渡阶段的实际需要——“两类公司”在改革过渡阶段，还有必要根据业务结构、发展状态、产业环境等影响要素，对所出资企业采取以“战略型管控为主，财务型或运营型管控为辅”的混合型管控模式，因此必须具备战略引领能力。

另一方面，从发展的角度看，“两类公司”必须具有战略规划、战略实施考核评价等功能，识别国内外战略性投资机遇，发挥战略引领作用，指导所出资企业的战略规划，通过相应的绩效考核和激励约束机制，引领成员企业的战略协同、共同发展。

“两类公司”是国有资本委托代理链条中的关键环节，对国有资本的投资收益负责。为此，“两类公司”需要重构绩效评价体系和作为考核依据的财务指标体系，以投资回报率为核心，简单、直观但能形成财务硬约束；考核周期适应资本“募投管退”的规律性特征，赋予中长期绩效更高权重，发挥考核评价的“指挥棒”导向作用。

（五）提升全面风险防控能力

随着投资领域、区域的扩展，资产规模的快速增加，尤其是深度介入金融领域，“两类公司”需要高度重视风险防控体系的建设，提升风险管理能力。重点是建立健全风险管理组织体系、风险信息收集和评估系统、重大风险预警与防范系统、内部控制制度支撑体系、风险管理专业人才队伍及风险管理文化。

首先，“两类公司”要完善公司治理机构和机制、制定风险防控规章制度与流程、建立权责分配与问责机制；建立风险管控平台，通过业务部门与风险管理部门、审计监督部门的横向协同，落实风险防范“三道防线”要求，提高全面风险管理能力。

其次，“两类公司”要加强和改进外派监事制度，加强对权力集中、资金密集、资源富集、资产聚集的部门和岗位的监督；定期对企业内部控制整体情况、出资企业风险防控情况进行评估，提出改进措施。

最后，“两类公司”建立健全信息公开披露制度，提升国有企业透明度；建立信息共享平台，及时、准确、完整地收集与企业经营管理相关的各类信息，通过高效的信息沟通实现内部风险控制的科学性、针对性和时效性；及时识别、科学分析影响公司的不确定因素，采取相应的应对策略；对重大和突发风险进行动态跟踪，保证应对措施落实到位、风险可控。

三、促进“两类公司”实现“机构转型、能力提升”的政策建议

“两类公司”要实现机构转型、能力提升，除自身努力之外，也需要相关政策环境的完善和支持。

（一）对综合性改革予以系统化支持

“两类公司”改革涉及方方面面，综合性强，需要相关部委的支持。

如国务院国资委要建立适应“两类公司”的差异化考核体系，重视“落实国家战略、优化调整国有资本布局进度、多年平均国有资本收益率”等指标；放宽“两类公司”的主业投资认定范围；协调相关部委，在“两类公司”实施兼并重组方面给予帮助和支持，明确安全生产、集中采购等管理责任主体，逐步弱化或取消“两类公司”在安全生产、对口帮扶、稳定就业等方面的职责。

此外，“两类公司”开展资本运作、资产处置涉及税收、土地、分立分拆上市等事务，需要多方面的政策支持。建议政府将低效无效资产退出、淘汰落后过剩产能、“僵尸企业”处置等工作有机结合、通盘考虑，创新不良资产核销等历史遗留问题处理机制（包括工商注销、税务清算、债权债务处置、土地处置、未完工项目履约、冗员安置等）；支持“两类公司”对新并购的上市公

司创新管控模式，加快向管资本转变。这需要经信、发改、工商、财税、土地、证券监管等部门的理解和支持，清理一些已经过期或不适应形势而需要调整的土地变性、资产评估、债务核销等相关政策，出台实施细则，推动“两类公司”扎实展开管资本工作。

（二）释放人的积极性，为“两类公司”提升能力提供基础性保障

“两类公司”能否实现转型并提升能力，关键是调动人的主观能动性、释放人的积极性、激发创造性劳动。

首先，长期以来，缺乏合格股权董事制约着“两类公司”积极股东的履职行权能力。建议国资监管机构支持“两类公司”扩大遴选范围，从国企现职高管、国内优秀民营企业家、跨国公司董事会及高管等更广范围中，丰富合格董事来源，完善董事人才库。在此基础上，打造专职股权董事队伍，建立常态化董事集中培训赋能平台，提升股权董事的履职行权能力，促进出资企业建设权威、专业、高效董事会，构建董事会、监事会、经营团队职责明确、协调运转和有效制衡的法人治理体系。

其次，按照分级分类管理原则，淡化经营管理人员行政级别，深入推进国企经营管理层市场化选聘，加大经营团队整体市场化选聘力度；探索职业经理人制度，对市场化人员实行任期制、契约化管理、市场化薪酬，完善退出机制。

再次，“两类公司”适应“管资本”需要，优化人才结构和工作机制，建立人才培养和提升机制；健全以劳动合同制为核心、以岗位管理为基础、以业绩考核为导向的市场化用工制度，切实落实“三能机制”。

最后，建立健全容错纠错机制。“两类公司”面临的决策压力大、改革风

险高，应完善国企改革、创新和发展的容错纠错机制，建立改革申诉机制和专业评判制度，落实“三个区分开来”原则，支持改革者主动改革、勇于创新、敢于探索，化解后顾之忧。

（三）落实授权放权，为“两类公司”发挥实质性作用提供作为空间

“两类公司”在国有资本委托代理链条中，需要完成从行政委托到经济委托的转变，促进政企分开和政资分开，实现出资人与公共管理者职能、国有资本所有权与企业经营权、资本运营和生产经营“三分离”。要完整发挥其“防火墙、隔离层、转换器、推进器”作用，必须厘清“两类公司”与国资监管部门、出资企业等利益相关者的“上下左右”关系，避免其被虚化，关键是落实授权放权。

这要求国资监管机构按“管资本为主”转变职能和转换管理方式，切实落实权力、责任和授权放权三个清单，实现“放得下，授得准”；支持“两类公司”机构转型和提升能力，确保其“接得住、管得好”，为“两类公司”发挥公司制、市场化出资人的实质性作用提供空间。

第十五章
提升国有资本投资、运营公司的股权管理能力

国有资本投资、运营公司是“管资本”的重要平台和授权经营体制的关键环节，股权管理是其重要功能之一。但在实践中，股权管理还存在权责不清、行为不规范、管理不到位等问题。这主要是由于股东权利不完整、公司治理制度不完善、制度体系尚未健全、机制设计不科学等因素影响，深层次的原因是对股权的认识还不深刻，权责明确、股权平等、股东平等基本理念尚有待转化成为股权管理的行动自觉。

一、股权管理的首要前提是权责明确

“权责明确”是现代产权制度的基本要求和重要特征。但在调研中，仍有不少试点企业反映“权责不清”是股权管理时面临的首要问题，主要是股东权利不完整，同时还要承担一些对持股企业法定之外的“连带”责任。

（一）完成从所有权向股权的转化、促进股东股权同公司法人财产权的区分

权责不清，部分来源于对股东出资财产所有权与股东股权、股东股权与公司财产所有权关系的模糊认识。公司本质之一是股东平衡风险收益的制度设计：股东让渡出资财产所有权给公司，获取股权；公司将各股东出资的财产集中起来，获得法人财产所有权。三种权利，构成了股权管理的两个层面，但面临的都是产权关系这同一问题。

1. 要完成从所有权向股权的转变

股权是所有权由静态占有向动态利用的转化，尽管自所有权演变而来，但相较于强调财产的静态归属、以占有权为基础、以处分权为核心的所有权，已经判然有别——股权不再强调对实物财产的直接占用，而是偏重于动态运作和对物的利用所取得的财产收益。股东不能再直接支配其投入公司的财产，而只能通过行使股权来间接地作用于公司财产。

这对于国有股东而言，在观念上完成从国家所有权向国有股权的转变，尤其重要——认识到国家所有权在公司中已转化为国有股权，国有股东必须弃用传统所有权的占有、使用和处分的权能来支配公司财产，转而以行使股权的自益权和共益权来影响公司决策。这样，既可避免国有股权的所有权化，也有助于防止国有股权被虚置。

2. 促进股东股权与公司法人财产所有权的区分

诚然，股东股权与公司法人财产所有权是相伴而生的一对法定权利，但依据公司法和公司章程，各自拥有独立的内容和排他的性质。股东与公司财产相互分离、人格彼此独立；两者权力边界清晰，形成相互依存又相互制衡的

关系。

股东股权与公司法人财产所有权的区分及因此而衍生的制度安排，标志着现代企业制度的产生。从企业资产负债表到公司法，都体现着这些理念。

在此基础上，公司才能真正成为具有独立人格、独立财产、承担独立责任的法人实体，成为自主经营、自负盈亏、自我发展、自我约束的独立市场主体；而股东也可从公司具体经营管理事务中摆脱出来。

股权管理是为了维护股东权益，但这必须通过尊重公司法人财产权予以实现——“皮之不存，毛将焉附？”一旦认识及此，国有资本投资、运营公司对持股企业，观念上要从“业务体系”向“投资组合”转变，态度上要从“下属单位”向“独立法人主体”转变，行为上要从“集团管控”向“公司治理”转变。否则，就失去了所有权向股权转化、股权同法人财产权区分的意义。

更重要的是，国有资本投资、运营公司在对持股企业开展股权管理的同时，自身对其“股东”也有着同样的要求，诚所谓“己之所欲，先施于人”。

可以说，只有在国资监管机构的支持下，完成从国家所有权向国有股权的转化、国有股权同公司法人财产权的区分，才可能实现广义上的“所有权与经营权分离”——只有打开中间连接，两端才有可能分开。这关系到政企能否真正分开、现代企业制度能否得以完善、含国有出资的企业能否真正成为独立的市场主体。

（二）保障股东权利的完整

实施有效股权管理的前提是股东权利完整。为保障股东权利完整，国资监管机构需要避免穿透式管理，不直接干预国有资本投资、运营公司的持股企业。这不仅是尊重股东法定权利的基本要求，也是发挥国有资本投资、运营公司“防火墙、隔离层”作用以完善政企关系的需要。支持国有资本投资、运营公司享有所持股权的完整权利，使其成为积极有限的真股东，拥有完整手段开展有效股权管理，具备“用手投票”和“用脚投票”并行能力，更完整地实现国有股东人格化；除有特别约定之外，所持国有股权均可流动、变现，以资本流动向“国有企业”传递资本市场压力，破除国有股权凝滞化的消极效应。这也有助于通过微观层面有规划的股权调整，来落实宏观层面的国有经济布局优化。

（三）股东不承担法律规定外的无关“连带”责任

股东让渡出资财产所有权换取股权、股东股权与公司法人财产所有权相互独立，这是我们明确股东权利与责任的学理与法理基础。

在处理好两对产权关系的基础上，在授权改革到位，国有资本投资、运营公司严格按股权管理原则履职行权的企业中，国资考核体系中有必要取消与股东无关的“连带”责任考核，如安全生产、稳定就业、经营风险等，以使国有资本投资、运营公司更好地进行股权管理。

二、股权管理的基本原则是“股权平等、股东平等”

包括我国在内的各国公司法一致奉行股权平等、股东平等原则。但在实践中，不同股权仍存在司法保护上的不平等，实质上的股东不平等仍然较为普遍。这都影响了股权管理的实效。

（一）促进不同所有制类型股权受法律同等保护

当前存在的股权不平等，一定程度上来源于国有产权和非国有产权在司法保护上还未完全平等。

我们认为，鉴于国有企业是政府与市场的“界面”，这些对国有、公共财产的严格保护，有必要适当控制范围：对政府直接持有、管理的产权，可按此严格保护，以规范公职人员行为，避免渎职或权力寻租；但到了企业层面，则不宜延伸这些规定，应改为产权同等保护。

为此，我国应基于股权平等、股东平等原则，相应修订一些法律法规条款：如淡化产权所有制属性，把仅适用于“国有公司、企业工作人员”的刑事犯罪扩展至“公司、企业工作人员”；统一对公司、企业工作人员的同类罪行予以同类评价（同一罪名、同一立案标准、同一量刑幅度），而不再依据公司、企业的所有制性质区别对待。

（二）建立类别股制度，丰富股权平等原则的内涵与外延

股权平等原则并不排除股权内容和份额的不同——股权有普通股与优先股之分，股东所拥有的股份有多寡之别。持有不同份额、不同种类股权的股东，不可能享有同等权利、承担同等义务。股权平等意味着同股同权、等额等利，即公司法所明确的“同种类的每一股份应当具有同等权利”。

为此，我国要适应企业实践和资本市场发展的需要，完善公司法关于股份发行的相关规定，允许公司设立类别股票，对双重股权结构采取包容审慎态度，允许出资人之间通过协商并在公司章程中约定设立双重股权结构，为构建能满足多元投资需求、平衡股东利益、抵御恶意收购的类别股制度奠定法律基础，为探索建立国家特殊管理股制度创造条件。

（三）从股权平等到股东平等

实现股权平等还只是实现了形式上的股东平等，但股东实质上的不平等——如股东大会沦为“大股东会”、控制股东垄断分配权与决策权、强势股

东侵犯弱势股东权益等，仍是当前股权管理面临的主要矛盾。

为实现股东之间的实质平等，要求适当限制优势股东的某些权利，对弱势股东予以特殊保护。有鉴于此，应自“股权平等”前进一步，基于“股东平等”设计公司内部的权力分配与权力制衡机制。主要是修订公司法或通过公司章程约定，避免“资本多数决”规则不受限制地滥用或异化。

为此，可借鉴上市公司一些已经实践证明行之有效的方法：比如，适当限制控制股东表决权，对超过一定比例的股份折合计算表决权或明确规定表决权行使上限，扩大利害关系股东表决回避制度的适用范围。又如，明确控制股东诚信义务，并完善股东代表诉讼制度予以制约。再如，保障少数股东的法定权利，落实中小股东的股东大会召集权和提案权；完善董事、监事选举的累积投票制；强化信息披露制度，完善股东知情权制度，保障中小股东的知情权；健全事后保障措施，完善中小股东司法救济制度。

当然，还应在股东平等原则的基础上，弘扬和谐股权文化，使公司成为各类股东相互尊重、和谐相处的利益共同体。

三、股权管理的主要渠道是公司治理，重点工作是制度建设和机制设计

对国有资本投资运营公司而言，要履行好积极有限股东职责，需要通过调整组织结构（如设立股权管理专责部门或明确牵头协调部门）、搭建股权代表的服务保障平台等，来强化股权管理架构、构建股权管理体系。其中，重点是以公司治理为主渠道，健全股权管理制度体系和运行机制，夯实股权管理工作基础。

（一）股权管理的主要渠道是公司治理

不同于公司其他管理活动，股权管理主要是规范股东与公司之间的权利义务关系，涉及公司和其他股东等利益相关者。这决定了股权管理的主渠道必然且必须是公司治理。

试点企业的实践也证明了这一点——不论是一些代表性国有资本投资、运营公司以股权为抓手的“放风筝”管理模式，还是借鉴的淡马锡“一臂之距”模式，均以“公司治理”为主渠道：以公司法和公司章程为依据，以出资额为限，以股权为纽带，以公司治理为主渠道，以选派股权董事为手段，实现国有股东人格化，做积极、有限股东。

“以公司治理为主渠道”开展股权管理，主要是优化股权结构和完善公司治理两方面工作。

优化股权结构是股权管理的基础工作。股权结构管理主要是从股东整体战略出发，设计与调整控参股公司的股权结构，以合理的股权结构落实股东资本布局战略。实际操作中，股东基于已有的投资组合，决策进或退的目标与方式，重点关注股权结构中的七个关键点（1.0%、3.0%、5.0%、10.0%、33.3%、50.0%和66.7%），形成更有“性价比”的股权结构。

完善公司治理是股权管理的重要任务，重点是强化治理机构和优化治理机制，促进两者协同推进，规范权力机构、监督机构、决策机构和执行机构等公司内部不同参与主体之间的权利和责任关系，提升决策效率和科学性。股东基于股权，促进持股企业规范治理体系，在优化股权结构的基础上，完善“三会一层”治理结构；落实董事会的选人用人、考核评价、薪酬分配等职权，完善“三会”议事规则，通过股权代表发表意见，影响决策、分红取利，维护股东权益。

（二）完善股权管理制度体系

为实现股权管理规范化，国有资本投资、运营公司应针对各环节健全相关制度，明确股东和公司的权利与义务，规范股权管理各项工作。

重点完善股权投资管理制度，规范股东资质、股权质押、股权转让等基本制度，促进股权管理的合规性、价值化和流程优化，与权益管理、价值管理等投后工作有机衔接。

制定股权分类管理制度，对持股公司按股权优劣评级、是控股还是参股、拟增持还是减持等，实施相应管理方法。

完善股权董事管理制度，提供股权管理工作抓手。明确股权董事的任职资格、选聘方式、任职程序、考核评价和激励约束方案；制定股权董事工作指南，明确股权董事的工作职责、与持股公司进行议案沟通及日常工作相关程序；通过公司治理程序，促进持股公司建立股东大会授权制度、制定中长期分红政策和年度利润分配方案。

完善股权风险管理制度，使股权管理具有“安全垫”。股东统筹建立、落实整体风险控制和业务协同制度，除此之外，保障持股公司在法律和经营上的独立性，避免股权之间的风险传递；完善股东提案权制度，建立向持股公司提送《管理提升建议函》和《风险提示函》的两函制度。

建立股权报告制度，明确股权信息变化的报告主体、内容、渠道与时限要求。如持股公司的股东资质条件或股东股权发生变化，主要股东出现负面情形或发生重大变化等，通过股权信息系统及时报告。

（三）科学设计股权管理机制

维护和落实股东权益，要求完善股权管理机制，支撑股权代表参与持股公司治理。重点是决策、股权投资管理、前中后台协调工作、股权激励等机制。

股权管理决策机制主要是依赖董事会这一决策机构。为此，加强国有资本投资、运营公司的董事会机构建设，设立战略与投资等专门委员会，并发挥其对董事会议题的发起、研究、建议、落实及评估等职能作用；完善董事会工作机制，加强议题管理，实行“集体审议、独立表决、个人负责”决策机制，保障董事会决策的科学性、独立性和权威性。

完善股权投资管理机制。国有资本投资、运营公司设立股权投资咨询机构和决策机构，为股权管理提供组织保障；明确投资决策和管理标准，根据投资额度实施分类授权决策机制，落实股权投资管理权限；完善全流程投资管理决策机制，覆盖从标的企业筛选、调查审议、投资决策等全部环节；对市场化投资实施强制跟投与主动跟投机制。

建立前、中、后台协调配合工作机制。国有资本投资、运营公司通过组织调整、流程控制和信息化建设，建立前台专业高效、中台风控严密、后台保障有力的股权管理架构，完善组织协调机制和联合工作机制，促进部门之间分工明确和协调配合。

主动完善股权激励这一中长期激励机制。国有资本投资、运营公司支持持股公司规范实施股权激励，明确股权激励方式、对象、条件、授予数量、授予价格、实施程序、行权时间或解锁期限等主要激励内容，促进持股企业与骨干员工收益分享、风险分担。

第十六章
提升国有资本投资、运营公司的价值创造能力

过去讨论国有资本投资、运营公司，更多的是从改革国有资本授权经营体制和完善国资管理体制角度展开，主要分析其“隔离层”“防火墙”和“转换器”作用。但作为“中间层”的国有资本投资、运营公司，更突出的定位是市场化、公司制的出资人代表，是重要的市场主体，其存在的必要性根本上取决于价值创造。那么国有资本投资、运营公司在实现政府与市场的隔离与转换等体制功能的同时，如何创造价值？这要求我们更多地从企业视角去审视国有资本投资、运营公司。

一、宜以单一法人主体视角看国有资本投资、运营公司的价值创造

即使继续沿用“集团公司”概念，国有资本投资、运营公司实际上指代的也是作为独立法律实体的“企业集团母公司”，而非其以股权为纽带而形成的“企业集团”。因而不论是概念上还是实践中，我们更应从单一法人实体的角度而非企业集团整体的角度去看国有资本投资、运营公司的价值创

造——从企业集团整体角度，我们看到的依然是穿透到底层的实物形态的国有企业；只有从单一法人主体角度，我们才能看到“财务语言清晰界定、计量”的价值形态的国有资本，才能客观真实地评估其价值创造。单一法人实体视角要求从业务体系思维转向投资组合观念、弱化并表思维。

（一）从业务体系思维转向投资组合观念

业务体系观念源于集团整体视角。这种观念容易将“母公司”战略等同于各业务单位战略的汇总，将企业集团整体所处的业务领域视为“母公司”的业务范围，以企业集团整体的财务表现作为评价企业集团母公司业绩的基础。

投资组合观念来源于单一法人主体视角。这种观念下，国有资本投资、运营公司的主营业务是投资管理（尤其是运营公司），可根据市场情况随时调整投资组合，并以投资组合的长期价值变动作为业绩评价基础；国有资本投资、运营公司与出资企业间是一种以股权为纽带的连接关系，其总体战略并不等同于各出资企业战略的汇总。

国有资本投资、运营公司从业务体系思维转向投资组合观念，有助于明晰国有资本投资、运营公司与其出资企业之间的权责定位，更准确反映国有资本投资、运营公司的价值创造能力——国有资本投资、运营公司经营的是股权，而其出资企业经营的是具体业务；国有资本投资、运营公司对其所经营的股权价值负责，实体企业对其经营的业务负责。出资企业股权的账面价值变动并不必然影响其市场价值，这有利于国有资本投向战略性新兴产业——在战略性新兴产业领域，一些明星企业尽管经营持续亏损但其股权却持续增值。最后，也有助于将国有经济的布局优化和结构调整，更多地改由资本在企业间的进退来实现，从而提升国有资本的流动性和效率。

（二）弱化并表思维

在中国，合并财务报表是促成“企业集团”观念普遍化的重要原因之一。合并报表范围也成为判断某一企业是否为“企业集团成员”的重要标准之一。

合并财务报表固然可以将企业集团内部交易所产生的收入与利润予以抵消，使会计报表相对更客观地反映企业集团的财务和经营情况，有利于防止和避免控股股东操纵利润、粉饰财务报表，但就国有资本投资、运营公司而言，如果延续并表思维，并不利于其创造价值。

一是加剧“集团成员企业”间的不独立、阻碍资本的自由流动。合并财务报表中，成员企业之间关联资金往来可以相互抵消而不对财务报表产生实质性影响；一些法律法规对企业集团内部担保的要求相对较低，如《国务院国资委授权放权清单（2019年版）》对央企集团内部担保的要求低于对外担保。这使得企业集团内部关联资金往来、相互担保相对更为普遍，经营风险容易在成员企业间相互传递，导致“一荣俱荣、一损俱损”。同时，过多的相互担保、关联交易严重损害公司治理——最重要的法律后果是“揭开公司面纱”，导致股东丧失有限责任而不得不承担“股东直索责任”。相互担保、关联交易导致“成员企业”间深度绑定，必然难以保持公司独立性，也一定程度阻碍了资本的自由流动。

二是导致国有资本投资、运营公司缺乏主动进行收益管理的意愿。对控股子公司进行收益分配，部分收益会流向少数股东，会减少合并报表中的资产和权益，因而控股股东往往缺乏收益分配意愿。这可能导致“母公司”缺少投资所需的现金流，效益好的“子公司”却现金流充沛而盲目扩张。

三是由于并表给一些国有资本参股企业带来“国企身份”，容易将传统的国资管理体制延伸至混合所有制企业，影响对混合所有制企业的差异化监管及混改企业深度转换经营机制。

弱化并表思维并非简单的“脱表就灵”，需要循序渐进推动。

首先，可选取部分符合条件的国有资本、运营公司试点企业，探索适用《企业会计准则第33号——合并财务报表》“投资性主体”的相关条款——“仅将为其投资活动提供相关服务的子公司（如有）纳入合并范围并编制合并财务报表；其他子公司不应当予以合并，母公司对其他子公司的投资应当按照公允价值计量且其变动计入当期损益”。

其次，可选取部分上市资产占比较高的国有资本投资、运营公司试点企业，开展基于投资组合净值进行业绩评价的试点。计算投资组合净值，对于上市资产主要依据股价计算①，非上市资产可取账面价值与内涵价值②中较低者计算。需要注意的是，以投资组合净值为基础对国有资本投资、运营公司进行业绩评价，应基于投资组合的整体价值而非单个项目的盈亏，应基于长期价值而非受市场波动影响的短期业绩变化。可以探索以每届董事会任期为基础，对国有资本投资、运营公司进行业绩考核。

二、发挥母合优势、调整优化投资组合是国有资本投资、运营公司创造价值的基本源泉

由于国有资本投资、运营公司不从事具体生产经营活动，难以通过直接接触客户而创造价值，其价值创造必须通过直接从事生产经营活动的出资企业来实现。那么国有资本投资、运营公司能否创造价值？一定程度上也就类似于过去讨论的企业集团母公司能否创造价值这一问题。

---

① 如股价不具有代表性（如交易频率或交易量不足），选取股权和其他估值依据计算值中的较低者。

② 账面价值指“投资成本加上被投公司盈利/亏损的份额，扣除获得的股息和减值”。内涵价值指“被投公司预期未来现金的当前价值”。

（一）国有资本投资、运营公司应有“母合优势”

20世纪80年代，古尔德等人提出的母合优势理论为多业务公司提供了发展新思路，即母公司应成为属下诸业务单位的最佳母公司——属下业务单位不仅应比其作为独立实体时表现更好，而且还应比在任何其他母公司属下表现更好，否则改变业务的所有权就可以实现价值创造。以此类推，国有资本投资、运营公司也应当成为其出资企业的最佳“母公司”，并以此为目标调整和优化其投资组合。

母公司的价值创造方式有业务影响、连接影响、职能和服务影响、公司发展活动等四种渠道①。国有资本投资、运营公司可以综合运用上述四种价值创造方式。当然，前提是以股权为纽带、以公司治理为主渠道。

为此，国有资本投资、运营公司必须基于国家战略，培育明确、独特的价值创造洞察力，识别改善其“业务单位”的独特机会并使投资组合创造价值。不同的国有资本投资、运营公司应根据自身状况，在不同的价值创造活动基础上建立母合优势，避免资源、技能、管理特征趋同。如国有资本投资公司可侧重于业务影响和职能服务影响，国有资本运营公司可侧重于联结影响或公司发展等。

（二）国有资本投资、运营公司应以“核心区业务”为标准构建投资组合

“核心区业务”是母公司可以创造高额净价值的业务，其特点是母合机会

---

① 业务影响，指通过对业务单位负责人的任免、预算控制、战略审核以及资本投资决策等方式对业务单位施加影响；连接影响，即通过加强不同业务单位之间的连接，促使其发挥协同作用；职能和服务影响，指通过为业务单位提供职能方面的领导和具有成本有效性的服务，以及协助业务单位管理层实施其业务或连接影响；公司开展活动，如收购或出售业务、创建新业务，合并或分立业务单位等。

与价值创造洞见[①]高度契合、业务成功关键因素与预期母合特征[②]高度匹配。由于“核心区业务”建立在明确认识母合特征、价值创造或损失潜力的基础上，有助于避免价值毁损，因此国有资本投资、运营公司可以借鉴“核心区业务”概念，以此为标准构建投资组合。

一是应明确自身的“核心区业务”标准，这些标准用以明确适合公司战略的“业务”类型。需要明确的是，“核心区业务”往往并不等同于现有投资组合中投资规模较大、当前利润水平较高者。

二是审视现有投资组合是否能以同样的价值创造洞见和母合特征来管理。否则就应对组合中的一些业务进行重新定义或再定位。这可能涉及对现有业务的内部整合或出售、对外部业务的并购重组等。

三是投资新“业务”时，应评估进入该项“业务”有无竞争优势；同时，也要审视加入该项“业务”后，新的投资组合是否能以同样的价值创造洞见和母合特征来管理。

（三）鼓励适当的控制权竞争

国有资本投资、运营公司之间也应适当引入竞争。

首先，国有企业股权可适度分散给若干国有资本投资、运营机构，避免“一股独大”，优化股权结构促进公司治理结构调整。

其次，“母合优势”并非一成不变，伴随公司“业务”拓展、技术进步及环境改变，原有“母合优势”可能变化或消失。当某个国有资本投资、运营公

---

① 母合机会（Parenting Opportunities），指业务单位中存在着母公司可以创造价值的各种机会，各业务单位的具体情况决定着这些机会的范围和性质；价值创造洞见(Value Creation Insights)，指如何使业务组合创造价值的洞察力。

② 母合特征（Parenting Characteristics），指母公司影响业务单位绩效的资源与能力特征。具体包括母公司的心智图，母公司的结构、系统和过程，职能部门、总部的服务部门和资源，人员和技能，分权合约等五方面。

司不能为其“下属业务单位”提供“母合优势”时，可以通过剥离出售或划转等方式，将这部分业务转移到能为其发展提供更佳“母合优势”的其他国有资本投资、运营机构，甚至直接从国资体系脱售，以实现国有资本的有序流动与价值提升。

最后，对于在实践中长期经营不佳或不能完成战略目标的国有资本投资、运营公司，也可以通过重组整合等方式进行调整优化，以对这种“企业生物链”中的“顶级组织体”保持适当的竞争压力和必要的优胜劣汰。

三、政府股东有意识地主动限制自身权力有助于国有资本投资、运营公司提升价值创造能力

资本投资运营型企业价值创造能力很大程度上还取决于公司治理。就国有资本投资、运营公司而言，因其是国有独资公司，政府作为唯一股东，既有意愿也有能力参与公司治理，甚至可能因为缺乏制衡而直接干预企业日常生产经营活动，影响公司的独立市场主体地位。

在这种情况下，只有政府股东主动限制自身权力，才有调整优化公司治理的空间。而且政府股东主动限制自身权力，也意味着避免政府股东承担过度义务甚至无限责任，进而有助于更好处理政企关系、实现“双向解放”。

以淡马锡为例，新加坡政府作为股东，注重有意识地约束自身股东权力。淡马锡虽然由新加坡政府全资拥有，但淡马锡一直宣称自己是资产的所有者，而非股东的资金代管人，强调其拥有完整的法人财产权；依据新加坡宪法及法律规定，除非涉及淡马锡累积储备金保护，新加坡政府均不参与其投资、脱售或任何其他商业决策；淡马锡董事会成员任免固然需要得到总统同意，但其董事会成员构成多元化、国际化，大部分为非执行独立董事且与新加坡政府不存

在隶属关系。

在约束自身股东权力的同时，新加坡政府及淡马锡集团也得以避免承担过度的义务——新加坡政府不会为淡马锡的责任和义务提供任何财务担保，淡马锡也不会为投资组合公司的责任和义务提供财务担保。某种意义上，正是这样的治理体制为淡马锡的价值创造提供了保障和空间，其投资组合保持了长期稳健增长——40年期股东总回报率为14%（见图16-1），同时其资产保持了较高流动性。

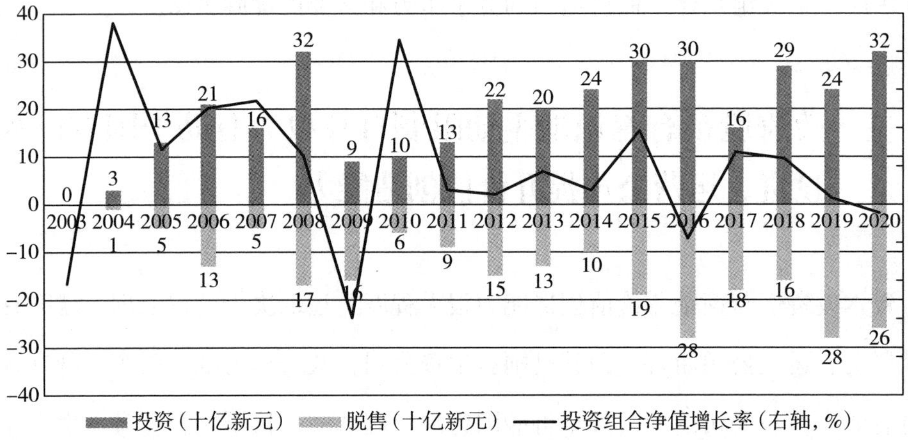

图16-1 淡马锡2003年以来的投资、脱售与投资组合净值增长率

注：横轴表示年份。

资料来源：作者根据新加坡政府公开的相关资料整理。

近年来，随着《改革国有资本授权经营体制方案》出台，我国各级国资监管机构也相继出台了监管权责清单、授权放权清单。这实际上也体现了“主动限制自身权力以激发企业活力”的思路。为进一步完善相关工作，后续还可以从三个方面深化改革。

一是尊重国有资本投资、运营公司的独立市场主体地位。按照“三个归位”要求，将延伸到子企业的管理事项归位于国有资本投资、运营公司；在对具备能力的国有资本投资、运营公司的授权事项中，不再保留重要子企业的例外条款。

二是顺应公司治理由“股东会中心主义”转向“董事会中心主义”的趋势。对公司治理规范、制度健全、能力完备的国有资本投资、运营公司，政府股东只保留法定和章定股东权利，确立董事会的公司治理核心和决策机关地位；而且还可通过规范授权，赋予符合条件的国有资本投资、运营公司一定的股东权力。

三是完善外部董事选聘、考核与评价制度。国有资本投资、运营公司董事会由执行董事、外部董事、职工董事构成，且外部董事占多数。但在现行的中央企业专职外部董事管理制度下，外部董事与政府股东之间存在较为密切的“人身依附”关系，较难独立自主发表意见，很多时候只是股东意志的“代言人、传声筒”。这一定程度上背离了政府股东限制自身权力的初衷。可考虑将国有资本投资、运营公司的外部董事进一步细分为股权董事和独立董事，其中股权董事可依照现有体制由国资监管机构从专职外部董事中委任，而独立董事则由国有资本投资、运营公司在更广范围以市场化方式选择，采取“董事会提名委员会提名、国资监管机构委派”的方式。同时，逐步增加外部董事中的独立董事占比。

项安波 张延龙[①] 执笔

① 张延龙：甘肃省电力投资集团有限责任公司，企业研究所西部之光访问学者。

参考文献

[1] 陈清泰. 资本化是国企改革的突破口[J]. 中国金融，2016（4）：17–20.
[2] 陈清泰，吴敬琏，蒋黔贵. 重塑企业制度：30年企业制度变迁[M]. 北京：中国发展出版社，2008.
[3] 陈小洪，李兆熙. 中国企业并购重组[M]. 北京：中国发展出版社，2010.
[4] 崔世娟，蓝海林. 我国企业集团重组规模及范围与绩效关系研究[M]. 北京：经济科学出版社，2008.
[5]《党的十九大报告辅导读本》编写组.党的十九大报告辅导读本[M]. 北京：人民出版社，2017.
[6] 丁友刚. 中国企业重组案例：中央企业专辑[M]. 大连：东北财经大学出版社，2009.
[7] 国家发展改革委体改司. 国企混改面对面——发展混合所有制经济政策解读[M]. 北京：人民出版社，2015.
[8] 国务院国资委改革办. 改革实践：国企改革试点案例集[M]. 北京：机械工业出版社，2019.
[9] 郭文嘉，吕汉阳. 美国国有企业加入WTO《政府采购协议》出价情况介绍及启示[J]. 中国政府采购，2018（11）：75–80.
[10] 蓝海林. 中国企业集团成长与重组研究[M]. 北京：经济科学出版社，2013.
[11] 廖运凤，周清杰，李友元. 外资并购与国有企业资产重组[M]. 北京：企业管理出版社，2004.
[12] 刘建丽. 国有企业国际化40年：发展历程及其制度逻辑[J]. 经济与管理研究，2018（10）：13–30.

[13] 孟领. 中央企业兼并重组的历史考察与展望[J]. 经济与管理，2011（4）：4–6.

[14] 王绛. 当前国有资本投资、运营公司运行特点及改革趋势[N]. 经济观察报，2019–08–10.

[15] 吴敬琏，张军扩，刘世锦，陈小洪，王元，葛延风等. 国有经济的战略性改组[M]. 北京：中国发展出版社，1998.

[16] 项安波. 国企改革：理论、政策、实践[M]. 北京：中国发展出版社，2019.

[17] 项安波. 推进企业并购重组要重视机制设计[Z]. 国务院发展研究中心调查研究报告，2009年第205号（总3514号）.

[18] 项安波，王念. 国企兼并重组要重整合、求实效[Z]. 国务院发展研究中心调查研究报告，2019年第52号（总5552号）.

[19] 许明哲. 中国民营企业并购国有企业后的整合研究[M]. 北京：经济科学出版社，2013.

[20] 袁东明. 推进我国国有资本布局调整的建议[Z]. 国务院发展研究中心调查研究报告，2016年第70号（总4953号）.

[21] 张文魁. 混合所有制与现代企业制度——政策分析及中外实例[M]. 北京：人民出版社，2017.

[22] 张幸福. 国有企业资产重组动因与策略研究[M]. 北京：经济科学出版社，2003.

[23] 赵泉，赵涌. 企业兼并法与国有企业兼并[M]. 北京：经济科学出版社，2009.

[24] 中国社会科学院工业经济研究所. 国有经济布局优化与国有投资公司产业整合[M]. 北京：经济管理出版社，2017.

[25] 中国证券报.扩张的时代——中国企业并购重组之路[M]. 北京：中国法制出版社，2011.

[26] 《中国企业改革30年研究》课题组. 国有经济布局演进轨迹、影响因素与未来动向[J]. 改革，2009（3）：63–68.

[27] OECD. The Size and Sectoral Distribution of State–Owned Enterprises[R]. Paris：OECD Publishing，2017.

[28] OECD. The Size and Sectoral Distribution of SOEs in OECD and Partner Countries[R]. Paris：OECD Publishing，2017.